Investment in Luxemburg

Johannes Höring

Investment in Luxemburg

Standort, Recht, Anlagevehikel

 Springer Gabler

Johannes Höring
Trier, Deutschland

ISBN 978-3-658-12585-1   ISBN 978-3-658-12586-8   (eBook)
DOI 10.1007/978-3-658-12586-8

Die Deutsche Nationalbibliothek verzeichnet diese Publikation in der Deutschen Nationalbibliografie; detaillierte bibliografische Daten sind im Internet über http://dnb.d-nb.de abrufbar.

Springer Gabler
© Springer Fachmedien Wiesbaden GmbH 2017
Das Werk einschließlich aller seiner Teile ist urheberrechtlich geschützt. Jede Verwertung, die nicht ausdrücklich vom Urheberrechtsgesetz zugelassen ist, bedarf der vorherigen Zustimmung des Verlags. Das gilt insbesondere für Vervielfältigungen, Bearbeitungen, Übersetzungen, Mikroverfilmungen und die Einspeicherung und Verarbeitung in elektronischen Systemen.
Die Wiedergabe von Gebrauchsnamen, Handelsnamen, Warenbezeichnungen usw. in diesem Werk berechtigt auch ohne besondere Kennzeichnung nicht zu der Annahme, dass solche Namen im Sinne der Warenzeichen- und Markenschutz-Gesetzgebung als frei zu betrachten wären und daher von jedermann benutzt werden dürften.
Der Verlag, die Autoren und die Herausgeber gehen davon aus, dass die Angaben und Informationen in diesem Werk zum Zeitpunkt der Veröffentlichung vollständig und korrekt sind. Weder der Verlag noch die Autoren oder die Herausgeber übernehmen, ausdrücklich oder implizit, Gewähr für den Inhalt des Werkes, etwaige Fehler oder Äußerungen. Der Verlag bleibt im Hinblick auf geografische Zuordnungen und Gebietsbezeichnungen in veröffentlichten Karten und Institutionsadressen neutral.

Gedruckt auf säurefreiem und chlorfrei gebleichtem Papier

Springer Gabler ist Teil von Springer Nature
Die eingetragene Gesellschaft ist Springer Fachmedien Wiesbaden GmbH
Die Anschrift der Gesellschaft ist: Abraham-Lincoln-Str. 46, 65189 Wiesbaden, Germany

Vorwort

„Mir wëlle bleiwe, wat mir sin" – ist ein geflügeltes Wort im Großherzogtum Luxemburg (deutsch: „Wir wollen bleiben, was wir sind", französisch: *„Nous voulons rester ce que nous sommes"*).

Das Großherzogtum Luxemburg ist ein kleiner Binnenstaat mit knapp 570.000 Einwohnern. Als Zentrum für viele europäische Institutionen (wie zum Beispiel Europäische Gerichtshof, Europäische Investitionsbank, Europäische Rechnungshof etc.) beherbergt Luxemburg auch eine Vielzahl europäischer Beamte. Bekannt ist Luxemburg vor allem wegen des Standortes für viele internationale Banken, Versicherungen und Fonds(verwaltungs-)gesellschaften.

Das Großherzogtum Luxemburg – als konstitutionelle Monarchie nach der vollständigen Unabhängigkeit im Mai 1867 – gehört mit zu den Gründungsmitgliedern der Europäischen Union. Neben der wichtigen Stahlproduktion als Hauptindustriezweig hat das Land seinen Aufschwung in den letzten Jahren vor allem dem Finanzsektor zu verdanken.

Das vorliegende Praxishandbuch bietet vor diesem Hintergrund auf Basis des geltenden Rechts und Praxis einen ersten Überblick über das Großherzogtum Luxemburg per se und gibt eine praxisbezogene Erläuterung und Einführung in die Möglichkeiten des Investments in Luxemburg.

Dieses Werk berücksichtigt den Stand bis einschließlich 31. Mai 2017. Die wesentlichen Änderungen, Besonderheiten und Neuerungen, aktuelle Vorschriften und veröffentlichte Literatur wurden dabei berücksichtigt.

Ich bedanke mich bei dem Springer Gabler Verlag und dem Lektor im Lektorat Steuern, Finanzen, Banken und Controlling, Herrn Notthoff, sowie der

Verlagsbereichsleitung, Director Wirtschaft, Herrn Funk, für die freundliche Unterstützung und Geduld bei der Finalisierung des Buches. Ich bin für Anregungen, Hinweise und konstruktive Kritik aus dem Leserkreis stets dankbar.

Trier
im Mai 2017
           Johannes Höring, RA, LL.M., CSIP

Inhaltsverzeichnis

1	**Einleitung**...	1
	1.1 Grundsätzliches zum Staat Luxemburg.....................	1
	1.2 Gegenstand des Buches.................................	2
2	**Wissenswertes über das Großherzogtum Luxemburg**............	3
	2.1 Luxemburg – ein schneller Überblick.....................	3
	2.2 Signatur Luxemburgs...................................	5
	2.3 Zehn gute Gründe.....................................	5
	2.4 Geografie..	7
	2.5 Geschichte...	7
	2.5.1 Ursprünge Luxemburgs........................	8
	2.5.2 Vom Haus Luxemburg zur Habsburger Dynastie.......	8
	2.5.3 Auf dem Weg zur Entstehung eines unabhängigen Staates...........................	9
	2.5.4 Von 1839 bis zum Ersten Weltkrieg................	10
	2.5.5 Zwischenkriegszeit...........................	11
	2.5.6 Zweiter Weltkrieg............................	11
	2.5.7 Nachkriegszeit..............................	12
	2.6 Politisches System.....................................	12
	2.6.1 Einleitung..................................	13
	2.6.2 Legislative.................................	13
	2.6.3 Exekutive..................................	14
	2.6.4 Judikative..................................	15
	2.7 Staatliche Symbole....................................	16
	2.7.1 Staatsflagge................................	16
	2.7.2 Nationalhymne..............................	16

	2.7.3	Nationalfeiertag	17
	2.7.4	Wappen.	17
2.8	Bevölkerung		18
	2.8.1	Einleitung.	18
	2.8.2	Plurale Gesellschaft	18
	2.8.3	Strukturelle Veränderungen in der Gesellschaft.	18
	2.8.4	Luxemburgische Staatsbürgerschaft	19
	2.8.5	Aufenthalt in Luxemburg.	20
		2.8.5.1 Anmeldung	20
		2.8.5.2 Einreise- und Aufenthaltsbedingungen für das luxemburgische Gebiet	20
		2.8.5.3 Beantragung einer Arbeitserlaubnis	21
		2.8.5.4 Wohnungssuche.	22
		2.8.5.5 Relocation Service Agenturen.	22
		2.8.5.6 Fahrzeuganmeldung	22
		2.8.5.7 Arbeitssuche	23
		2.8.5.8 Unternehmensgründung	23
2.9	Sprachen.		25
	2.9.1	Einleitung.	25
	2.9.2	Geschichtlicher Überblick	25
	2.9.3	Heutige Situation	26
	2.9.4	Soziopolitische Dimension der Mehrsprachigkeit.	27
		2.9.4.1 Politik	27
		2.9.4.2 Verwaltung	27
		2.9.4.3 Bildungswesen	27
		2.9.4.4 Medien	28
		2.9.4.5 Kultur	28
		2.9.4.6 Beruf und Gesellschaft	29
2.10	Bildung.		30
	2.10.1	Einleitung.	30
	2.10.2	Schulsystem	30
		2.10.2.1 Grundschule	30
		2.10.2.2 Sekundarunterricht und technischer Sekundarunterricht	31
		2.10.2.3 Hochschulwesen	31
		2.10.2.4 Sprachunterricht	32
Literatur.			33

3	**Wirtschaft im Großherzogtum Luxemburg**		35
	3.1 Warum Luxemburg?.		35
	3.2 Eine leistungsstarke und diversifizierte Wirtschaft		36
	3.3 Soziale und politische Stabilität.		37
	3.4 Vorteilhaftes Steuersystem.		38
	3.5 Steuerplanung und Entscheidung für einen Standort.		39
	Literatur.		46
4	**Gesellschaftsrechtliche Grundlagen**		47
	4.1 Übersicht		47
	4.2 Flexibles Handels- und Gesellschaftsrecht		48
	4.3 Regulierung		48
	4.4 Überblick über die verschiedenen Gesellschaftsstrukturen		49
	4.5 Gründungen der Gesellschaften.		49
	Literatur.		54
5	**Steuerliche Grundlagen**		55
	5.1 Einleitung.		55
	5.2 Unternehmensbesteuerung.		56
		5.2.1 Einleitung und Grundsätzliches.	56
		5.2.2 Einteilung der Steuern	57
		5.2.3 Rechtsform – steuerliche Auswirkungen	59
		5.2.4 Steuerpersönlichkeit.	61
		5.2.4.1 Einzelunternehmen	61
		5.2.4.2 Personengesellschaft (nach dem „Transparenzprinzip" haftend)	61
		5.2.4.3 Kapitalgesellschaft (nach dem „Trennungsprinzip" haftend).	61
		5.2.5 Einkommensteuer/Körperschaftsteuer.	61
		5.2.5.1 Einzelunternehmen/Personengesellschaft (nach dem „Transparenzprinzip" haftend)	61
		5.2.5.2 Kapitalgesellschaft (nach dem „Trennungsprinzip" haftend).	62
		5.2.6 Kommunale Gewerbesteuer.	63
		5.2.6.1 Einzelunternehmen	63
		5.2.6.2 Personen- oder Kapitalgesellschaft.	63
		5.2.7 Vermögensteuer	63
		5.2.7.1 Einzelunternehmen	63

		5.2.7.2	Gesellschaft, die nach dem „Transparenzprinzip" haftet/ Personengesellschaft....................	63
		5.2.7.3	Kapitalgesellschaft (nach dem „Trennungsprinzip" haftend)..............	63
	5.2.8	Einlagen.....................................		63
		5.2.8.1	Einzelunternehmen....................	63
		5.2.8.2	Personen- oder Kapitalgesellschaft.........	64
	5.2.9	Entnahmen/Ausschüttung........................		64
		5.2.9.1	Einzelunternehmen/Personengesellschaft (mit Durchgriffshaftung).................	64
		5.2.9.2	Kapitalgesellschaft (nach dem „Trennungsprinzip" haftend)..............	64
	5.2.10	Verluste......................................		64
		5.2.10.1	Einzelunternehmen/Personengesellschaft (nach dem „Transparenzprinzip" haftend).............................	64
		5.2.10.2	Kapitalgesellschaft (nach dem „Trennungsprinzip" haftend)..............	64
	5.2.11	Reinvestition der Gewinne........................		65
		5.2.11.1	Einzelunternehmen/Personengesellschaft (nach dem „Transparenzprinzip" haftend).............................	65
		5.2.11.2	Kapitalgesellschaft (nach dem „Trennungsprinzip" haftend)..............	65
	5.2.12	Eintragungsgebühr.............................		65
	5.2.13	Finanzierung aus Eigenmitteln – Besteuerung der Einlagen...................................		66
	5.2.14	Finanzierung durch Fremdkapital – Absetzbarkeit von Zinsen....................................		67
	5.2.15	Leasingfinanzierung – steuerliche Auswirkungen......		68
5.3	Einkommensteuer für natürliche Personen..................			69
5.4	Körperschaftsteuer......................................			69
5.5	Dividendenausschüttung.................................			69
5.6	OECD CRS CbCR......................................			70
	5.6.1	Länderbezogener Bericht – Unterrichtungen..........		70
	5.6.2	Übermittlung der Unterrichtung....................		70

	5.7	Mehrwertsteuer		71
		5.7.1 Mehrwertsteuerpflichtige Geschäftsvorgänge		71
		5.7.2 Steuerbefreite Geschäftsvorgänge		72
		5.7.3 Zu versteuernder Betrag – Bemessungsgrundlage für die Mehrwertsteuer		73
		5.7.4 Steuertatbestand und Steueranspruch		74
		5.7.5 Anwendbare Steuersätze		75
	5.8	Tochtergesellschaft oder Zweigniederlassung – Steuerliche Auswirkungen		76
		5.8.1 Voraussetzungen		77
		5.8.2 Tochtergesellschaft		77
			5.8.2.1 Luxemburgische Tochtergesellschaft	78
			5.8.2.2 Ausländische Tochtergesellschaft	78
		5.8.3 Zweigniederlassung		78
			5.8.3.1 Luxemburgische Zweigniederlassung	79
			5.8.3.2 Zweigniederlassung im Ausland	79
	Literatur			79
6	**Gestaltungshinweise**			**81**
	6.1	Einleitung		81
	6.2	Holdinggesellschaften und – strukturen		83
		6.2.1 soparfi		84
		6.2.2 spf		95
	6.3	Investmentvehikel und investmentähnliche Vehikel		98
		6.3.1 Investmentfonds		101
		6.3.2 fis		105
		6.3.3 sicar		111
		6.3.4 Verbriefungsgesellschaft		117
		6.3.5 RAIF		123
	Literatur			132
Schlussbetrachtungen				**133**

Abkürzungsverzeichnis

a. A.	andere Auffassung
Abs.	Absatz
a. F.	alte Fassung
Alt.	Alternative
Aufl.	Auflage
Bd.	Band
Bearb.	Bearbeiter
bzw.	beziehungsweise
DBA	Doppelbesteuerungsabkommen
d. h.	das heißt
EStG	Einkommensteuergesetz
EU	Europäische Union
EuGH	Europäischer Gerichtshof
EWG	Europäische Wirtschaftsgemeinschaft
f.	folgend
ff.	und folgende
ggf.	gegebenenfalls
GmbH	Gesellschaft mit beschränkter Haftung
HGB	Handelsgesetzbuch
h. M.	herrschende Meinung
Hrsg.	Herausgeber
i. d. R.	in der Regel
i. S. d.	im Sinne des
i. V. m.	in Verbindung mit
IWB	Internationale Wirtschaftsbriefe (Zeitschrift)
KG	Kommanditgesellschaft

KStG	Körperschaftsteuergesetz
Nr.	Nummer
n. v.	nicht veröffentlicht
Rdnr.	Randnummer
RL	Richtlinie
Rs.	Rechtssache
S.	Seite
sog.	sogenannt
StBp	Steuerliche Betriebsprüfung (Zeitschrift)
u. a.	unter anderem
v.	vom
vgl.	vergleiche
Z.	(Rand-)Ziffer

Einleitung 1

1.1 Grundsätzliches zum Staat Luxemburg

Das Großherzogtum Luxemburg ist inmitten Europas gelegen und stellt ein optimaler Standort im Herzen des europäischen Binnenmarktes mit seinen rund 500 Mio. Verbrauchern dar.

Das Großherzogtum Luxemburg besticht durch seine politische und soziale Stabilität, seinen hoch qualifizierten und mehrsprachigen Arbeitskräften sowie seines wirtschaftsfreundlichen Rechts- und attraktiven Steuersystems. Die Standortvorteile und Chancen, um in Europa ja sogar weltweit Geschäfte zu tätigen, sind für Luxemburg bekannt.

Luxemburgs Regierung verfolgt seit jeher eine proaktive Wirtschaftspolitik. Diesem unternehmensfreundlichen Kurs ist es maßgeblich zu verdanken, dass das Großherzogtum sich zu einem international bedeutsamen Finanzplatz und erstklassigen Wirtschaftsstandort entwickeln konnte.

Um aber nicht nur von dem Finanzplatz Luxemburg allein abhängig zu sein, hat die luxemburgische Regierung einen Fokus auf Innovation und Exploration anderer Wirtschaftszweige gestartet. So steht auch mittlerweile eine Förderung innovativer, Technologie-basierter Aktivitäten wie IKT, E-Commerce, Medien, Automobilzulieferer, Werkstofftechnik, Logistik sowie Umwelt- und Gesundheitstechnologie auf der Agenda der Ausrichtung, die sich dadurch manifestiert haben, dass in Luxemburg schon einige der weltweit erfolgreichsten Unternehmen beheimatet sind.

Die überschaubaren Dimensionen der luxemburgischen Wirtschaft sind ein Schlüssel zum Verständnis der historisch verankerten Offenheit gegenüber größeren Märkten. Mit einer Bevölkerung von knapp über 570.000 Einwohnern ist der Außenhandel der wichtigste Impulsgeber für wirtschaftliches Wachstum.

© Springer Fachmedien Wiesbaden GmbH 2017
J. Höring, *Investment in Luxemburg*,
DOI 10.1007/978-3-658-12586-8_1

Mehr als 80 % der im Großherzogtum erwirtschafteten Waren und Dienstleistungen werden exportiert und zwar überwiegend in Länder innerhalb des europäischen Binnenmarktes (bis zu 85 %).

Der Staat ist bestrebt, auch eine starke Präsenz auf den Märkten außerhalb der EU zu etablieren. Daher unterhält Luxemburg rund um den Globus Wirtschaftsbüros, die den Auftrag haben, die Handels- und Investitionsbeziehungen zwischen der luxemburgischen Wirtschaft und ausländischen Partnern zu fördern. Zudem unterstützen sie die im Großherzogtum ansässigen Firmen bei deren Exportbemühungen.

In diesen Buch werden die Vorteile für eine Investition in Luxemburg überblicksartig dargelegt, es wird aber auch vor allem das Verständnis für den Standort Luxemburg an sich (an Hand auch eines geschichtlichen und kulturellen Überblicks) aufgezeigt, welches wichtig ist, um die Funktionsweise und Mentalität des Standortes zu verstehen.

1.2 Gegenstand des Buches

Nach der Einleitung in Kap. 1 wird in Kap. 2 auf Wissenswertes zum Großherzogtum Luxemburg eingegangen. Neben fundamentalen Aspekten wie zum Beispiel Geschichte, Kultur und politisches System wird ein erster Schwerpunkt für die Individualpersonen gelegt und mittels eines Überblicks die Voraussetzungen und Möglichkeiten eines Aufenthalts im Luxemburg dargestellt.

In Kap. 3 wird die Wirtschaft und der Standort Luxemburg erörtert, vor allem wie man sich dem Thema der Investition in Luxemburg nähern sollte.

Da das Thema der Investition in einem anderen Staat sehr komplex ist, hat das Thema notwendigerweise mit sich gebracht, dass eine Begrenzung und Fokussierung erforderlich ist.

In Kap. 4 und 5 werden die wesentlichen gesellschaftlichen und steuerrechtlichen Auswirkungen bei einer Investition Luxemburg dargestellt. Fokussiert wird sich auf die gesellschaftsrechtliche Betrachtung unter Berücksichtigung aktueller Rechtsformen und finanzwirtschaftlicher zur Verfügung stehender Vehikel; eine Investition aus rein privatrechtlicher Sicht blieb hier außen vor.

In Kap. 6 des Buches werden an Hand von konkreten Investitionsvehikeln Möglichkeiten von Investitionen in Luxemburg angerissen. Hier wird auch auf das aktuell neue Finanzinvestitionsvehikel des sogenannten RAIF eingegangen.

Den Abschluss des Buches bildet in eine abschließende Gesamtwürdigung in einem Fazit und einer Schlussbetrachtung.

2 Wissenswertes über das Großherzogtum Luxemburg

2.1 Luxemburg – ein schneller Überblick

Folgender Überblick gibt den ersten Eindruck über das Großherzogtum Luxemburg und spiegelt rein die wesentlichen sowie einige statistische Daten wider (vgl. Presse- und Informationsamt der Luxemburger Regierung 2015; STATEC 2016).

Offizielle Bezeichnung: Großherzogtum Luxemburg
Hauptstadt: Luxemburg Stadt
Politisches System: Konstitutionelle, parlamentarisch-demokratische Monarchie
Gebietseinheiten: drei Distrikte (Luxemburg, Diekirch, Grevenmacher), zwölf Kantone, 105 Gemeinden
Gerichtsbezirke: zwei Gerichtsbezirke (Luxemburg, Diekirch) mit drei Friedensgerichten (Luxemburg, Esch an der Alzette, Diekirch)
Staatsoberhaupt: Seine Königliche Hoheit Großherzog Henri
Regierungschef: Xavier Bettel, Premierminister
Fläche: 2586 km^2
Bevölkerung: 576.250 Einwohner (47 % Ausländer) (Stand: 1. Januar 2016)
Landessprache: luxemburgisch (Lëtzebuergesch)
Verwaltungssprachen: luxemburgisch, Deutsch, Französisch, Englisch
Nationalfeiertag: 23. Juni
Währung: Euro
Standort Europäischer Institutionen:
Sekretariat des Europäischen Parlaments | Europäischer Gerichtshof | verschied. Dienststellen der Europäischen Kommission | Tagungsort des

Ministerrates der Europäischen Union | EUROSTAT | Europäischer Rechnungshof | EFTA-Gerichtshof | Europäische Investitionsbank (EIB) | Europäischer Investitionsfonds | Europäischer Stabilitätsmechanismus (ESM)
Gründungsmitglied wichtiger internationaler Organisationen:
BENELUX | Europarat | Europäische Union | NATO | OECD | Vereinte Nationen | WTO
Wirtschaftliche Vorteile:
  Offene Wirtschaft
  Starkes Wachstumspotenzial
  Ausgeglichene makroökonomische Basisdaten
  Breit gefächerte Industrie
  Internationales Finanzzentrum
  Modernste Infrastrukturen
  Exzellente Verbindungen zu europäischen und außereuropäischen Märkten
  Internationaler Logistik-Hub

Das Großherzogtum Luxemburg ist ein Binnenstaat mit einer Fläche von 2586 km^2, grenzt im Westen und Norden an Belgien, im Süden an Frankreich und im Osten an Deutschland. Mit über 570.000 Einwohnern, wobei das Gros (ca. 100.000) in Luxemburg Stadt wohnt, liegt der Anteil der ausländischen Bevölkerung mit ca. 47 % relativ hoch, und die Tendenz ist steigend. Die Zahl der täglichen Pendler, die ihrer beruflichen Tätigkeit im Großherzogtum nachgehen, liegt bei über 170.000. Zu den ausländischen Bewohnern zählen vor allem Portugiesen und Italiener. Als Zentrum für viele europäische Institutionen (wie zum Beispiel Europäische Gerichtshof, Europäische Investitionsbank, Europäische Rechnungshof etc.) beherbergt Luxemburg auch eine Vielzahl europäische Beamte. Bekannt ist Luxemburg vor allem wegen des Standortes für viele internationale Banken, Versicherungen und Fonds(verwaltungs-)gesellschaften (vgl. Höhn und Höring 2010, § 6 A).

Im Mai 2017 feierte das Großherzogtum das Bestehen Luxemburgs seit 150 Jahren als unabhängiger Staat: Das Großherzogtum Luxemburg – als konstitutionelle Monarchie nach der vollständigen Unabhängigkeit 1867 – gehört mit zu den Gründungsmitgliedern der Europäischen Union. Neben der wichtigen Stahlproduktion als Hauptindustriezweig hat das Land seinen Aufschwung in den letzten Jahren vor allem dem Finanzsektor zu verdanken: Etwa ein Drittel der Staatseinnahmen ist auf diesen Sektor zurückzuführen.

2.2 Signatur Luxemburgs

Nahezu einzigartig wie kein anderer Staat hat sich Luxemburg eine sogenannte „Signatur", eine Art „Slogan", gegeben (vgl. Koordinierungsausschuss Inspiring Luxemburg 2016). Die „Signatur Luxemburgs" als gemeinsame Unterschrift des Landes besteht aus dem X-Symbol, dem Schriftzug „Luxemburg" und der Einladung **„Let's make it happen"**. Eine Unterschrift ist unverwechselbar und vermittelt eine klare Aussage: **„Hierfür stehe ich!"**

Es sind die Geschichten und Persönlichkeiten seiner Menschen sowie seine gesellschaftliche Entwicklung, die den einzigartigen Charakter Luxemburgs und die gemeinsamen Werte von Zuverlässigkeit, Dynamik und Offenheit bestimmen.

Als zentrales Element steht das X-Symbol für das, was Luxemburg besonders macht:

- die Offenheit und die Fähigkeit Menschen zusammenzuführen, sodass in dieser Dynamik verlässliche Verbindungen und neue Ideen entstehen können; und
- die Vielfalt der Möglichkeiten, die das Land allen Einwohnern, Besuchern und Partnern in einem stabilen Umfeld bietet.

Das X setzt sich aus vier roten und blauen Pfeilen zusammen, die durch ihre doppelte Ausrichtung den gemeinsamen Austausch unterstreichen (vgl. Koordinierungsausschuss Inspiring Luxemburg 2016; die Signatur ist hier insbesondere im Menüpunkt Tools/Luxemburger Signatur einsehbar).

Die Einladung **„Let's make it happen"** wendet sich an jeden Einzelnen und lädt ihn dazu ein, die vielfachen Möglichkeiten, die unser Land bietet, für seinen eigenen und den gemeinsamen Erfolg zu nutzen. **„Let's make it happen"** spiegelt somit die Werte des Landes wider, ist aber bewusst offen gehalten, damit jeder sich angesprochen fühlen kann.

Die beiden Elemente X-Symbol und Einladung ergänzen sich gegenseitig und vermitteln als „Signatur Luxemburgs" das Versprechen, für das das Land steht: **Gemeinsam voran zu kommen.**

2.3 Zehn gute Gründe

Zehn gute Gründe, warum sich Luxemburg als alternativer (Wirtschafts- und Investment-)Standort in Europa anbietet (vgl. Presse- und Informationsamt der Luxemburger Regierung 2015, hier insbesondere im Menüpunkt „Investieren"):

- strategisch günstige geografische Lage
- offen, neutral und sicher
- direkter, einfacher Kontakt zu Entscheidungsträgern
- wirtschaftsfreundliches rechtliches Umfeld
- interessantes steuerliches Umfeld
- niedrige operative Kosten
- hoch qualifizierte, mehrsprachige Arbeitskräfte
- hochmoderne Infrastruktur
- Anreize für Investitionen sowie Forschung & Entwicklung
- hohe Lebensqualität

In der heutigen globalisierten Welt ist es von immer entscheidenderer Bedeutung, dass sich Unternehmen grenzüberschreitend betätigen sowie den freien Zugang zu anderen Ländern und Märkte erschließen können. Im Vergleich zu vielen anderen Standorten hat Luxemburg einen komparativen Vorteil, der sich durch exzellente Performance in einigen wirtschaftlichen Bereichen ausdrücken lässt. Illustrativ sei hier der Vorsprung in vielen Standortfaktoren und Unterschied zu anderen Staaten dargelegt (vgl. Höhn und Höring 2010, § 6 A):

- Stabiles politisches Umfeld mit hervorragendem Ruf für eine Pro-Unternehmen und Pro-Business Gesetzgebung und Administration
- Zugang zu einem Markt von mehr als 100 Mio. Verbrauchern in einem Radius von 250 km
- Proaktive Haltung und Unterstützung der Regierung bei Verlagerung von Personal und/oder operationelle Tätigkeiten nach Luxemburg (zum Beispiel bezüglich VISA, Lizenzen etc.)
- Exzellente Infrastruktur wie Flughafen, sehr gut ausgebaute Bahnstrecken (nach Metz/Paris und Brüssel und Deutschland etc.)
- Durch Erfahrung geprägte, multikulturelle Umgebung (Deutsch und Französisch sind offizielle Sprachen, Englisch wird weit verbreitet gesprochen) inklusive eines gut ausgebauten Schul- und Bildungssystem (wie auch europäische und englische sowie amerikanische Schulen etc.)
- Attraktives Steuer- und Sozialsystem (für Unternehmen, Arbeitgeber und Arbeitnehmer)
- Eine der Geringsten Umsatzsteuerraten in Europa
- Hervorragender Lebensstandard

2.4 Geografie

Das Großherzogtum Luxemburg liegt im Herzen Westeuropas zwischen Belgien, Deutschland und Frankreich (vgl. Presse- und Informationsamt der Luxemburger Regierung 2015).

Geografisch ist Luxemburg in zwei natürliche Regionen aufgeteilt: Das Ösling im Norden sowie das Gutland mit dem Moseltal im Osten und dem „Minettebecken" im Süden.

Die Gesamtfläche des Landes beträgt 2586 km^2, wovon 828 km^2 auf das Ösling und 1758 km^2 auf das Gutland entfallen.

Die landschaftliche Vielfalt macht einen wesentlichen Teil der Attraktivität des Großherzogtums aus, das sich in die zwei Hauptregionen Ösling und Gutland gliedert:

- Das Ösling im Norden ist Teil des Ardennenmassivs und grenzt an die deutsche Eifel. Diese stark bewaldete Region macht ein Drittel (32 %) des Staatsgebietes aus und zieht zahlreiche Touristen an.
- Das Gutland im Süden und in der Mitte des Landes umfasst mit der Hauptstadt den restlichen Teil (68 %) des Staatsgebietes. Es ist hauptsächlich von Feldern und Wäldern bedeckt.

Die Hauptstadt überrascht durch den Kontrast zwischen den modernen Vierteln auf einem schroff abfallenden Felsplateau und den drei Unterstadtvierteln Grund, Clausen und Pfaffenthal.

Seit den 1960er Jahren befindet sich auf dem nordöstlich der Stadt gelegenen Kirchberg-Plateau das Europaviertel mit den europäischen Institutionen (zum Beispiel EuGH, EIB etc.) und einer Konzentration im Bereich des Finanzsektors und angeschlossene Sektoren wie Wirtschaftsprüfung und Rechtsberatung).

Das Staatsgebiet gliedert sich in zwölf Kantone, 105 Gemeinden und vier Wahlbezirke.

2.5 Geschichte

Zur Geschichte Luxemburgs vgl. ausführlich Presse- und Informationsamt der Luxemburger Regierung 2015.

2.5.1 Ursprünge Luxemburgs

Erstmals wird Luxemburg um das Jahr 963 urkundlich erwähnt: Der Name Luxemburg („Lucilinburhuc") wird in einer Tauschurkunde erwähnt, durch die Graf Siegfried von der Abtei Sankt Maximin in Trier ein kleines Fort auf dem als Bockfelsen bekannten Felsvorsprung über dem Alzettetal erwarb.

Diese Befestigungsanlage wurde zum Ausgangspunkt, von dem aus die Grafen von Luxemburg im Laufe des 11., 12. und 13. Jahrhunderts verschiedene Gebiete zu einem einheitlichen Territorium vereinten. Ende des 13. Jahrhunderts umfasste die Grafschaft Luxemburg ein ausgedehntes Gebiet zwischen Maas und Mosel.

2.5.2 Vom Haus Luxemburg zur Habsburger Dynastie

Anfang des 14. Jahrhunderts kam das Haus Luxemburg auf den Kaiserthron des Heiligen Römischen Reiches deutscher Nation und spielte auf europäischer Ebene eine entscheidende Rolle. 1308 wurde Graf Heinrich VII. von den Kurfürsten zum König gewählt; ein päpstlicher Legat krönte ihn 1312 in Rom zum Kaiser des Heiligen Römischen Reiches deutscher Nation.

Sein Sohn Johann, genannt der Blinde, wurde König von Böhmen. Später trugen drei andere Mitglieder der Luxemburger Dynastie die Königs- oder sogar die deutsche Kaiserkrone: Karl IV. (1346 bis 1378), Wenzel (1376 bis 1400) und Sigismund (1410 bis 1437).

1354 wurde die Grafschaft Luxemburg durch Karl IV. zum Herzogtum erhoben. Mit dem Tode Kaiser Sigismunds im Jahre 1437 starb das Geschlecht der Luxemburger männlicherseits aus. 1443 eroberte der Herzog von Burgund, Philipp der Gute, die Stadt Luxemburg. Das Herzogtum Luxemburg wurde damit zu einer Provinz der Niederlande.

In den vier darauffolgenden Jahrhunderten sollte Luxemburg das politische Schicksal dieses Territorialgefüges teilen. Das Herzogtum gehörte nacheinander den Burgundern (15. Jahrhundert), den spanischen Habsburgern (16. und 17. Jahrhundert) und den österreichischen Habsburgern (18. Jahrhundert), mit einer kurzen Unterbrechung zwischen 1684 und 1697, als das Land unter französischer Herrschaft stand. Im europäischen Kräftespiel kam Luxemburg eine große strategische Bedeutung zu.

Die Stadt Luxemburg wurde dabei schrittweise zu einer Festung ausgebaut, die, als „Gibraltar des Nordens" bezeichnet, immer wieder zum Gegenstand von Auseinandersetzungen der europäischen Mächte wurde. 1795 wurde sie durch die französischen Revolutionstruppen erobert. Das Land wurde anschließend als Département des Forêts (Wälderdepartement) von Frankreich annektiert.

2.5.3 Auf dem Weg zur Entstehung eines unabhängigen Staates

Der Zusammenbruch des napoleonischen Reiches im Jahr 1815 hatte ebenfalls Folgen für den Status Luxemburgs. Im selben Jahr nämlich beschlossen die auf dem Wiener Kongress versammelten europäischen Großmächte die Gründung eines großen niederländischen Königreiches, um etwaigen Ambitionen Frankreichs entgegenzuwirken.

Das zum Großherzogtum erhobene Luxemburg war zwar theoretisch ein unabhängiger Staat, doch war es durch Personalunion an Wilhelm I. von Oranien-Nassau gebunden, der sowohl König der Niederlande als auch Großherzog von Luxemburg war.

Gleichzeitig kam es durch den Beitritt zum Deutschen Bund zur Stationierung einer preußischen Garnison in der Festung. Beim Ausbruch der Belgischen Revolution im Jahr 1830 kämpfte ein Teil der Luxemburger Bevölkerung aufseiten der belgischen Aufständischen und gab somit seiner Ablehnung der Politik Wilhelms I. Ausdruck.

Die Großmächte beschlossen daraufhin, Belgier und Niederländer durch die Gründung des belgischen Königreiches im Jahr 1831 zu trennen.

Eine Lösung für Luxemburg wurde allerdings nicht sofort gefunden. Da es zu keiner Einigung zwischen dem belgischen Parlament und Wilhelm I. kam, blieb die Festungsstadt unter holländischer Herrschaft, während der Rest des Landes von der belgischen Übergangsregierung verwaltet wurde.

Durch den Londoner Vertrag vom 19. April 1839 kam es schließlich zur Aufteilung des Großherzogtums Luxemburg zwischen den beiden Ländern. Dieses Datum gilt als Ausgangspunkt für die Entstehung eines unabhängigen luxemburgischen Staates.

Der französischsprachige Teil des ehemaligen Herzogtums ging dabei an Belgien. Damit wurden die Grenzen des Großherzogtums festgelegt; sie sind seitdem nicht mehr geändert worden.

Da mit den Niederlanden keine territoriale Verbindung mehr bestand, war der König-Großherzog nunmehr gezwungen, Luxemburg eine eigene Verwaltung zuzugestehen. Durch eine Verfassungsurkunde aus dem Jahr 1841 sowie drei aufeinanderfolgende Verfassungen aus den Jahren 1848, 1856 und 1868 erhielt der junge Staat eine institutionelle Grundlage; ebenso wurden hierdurch die Grundrechte und -freiheiten der Bürger garantiert.

Bei der derzeitigen Staatsform handelt es sich um eine repräsentative Demokratie in Form einer konstitutionellen Monarchie.

Ab diesem Zeitpunkt begann sich ein Nationalgefühl herauszubilden, das sich im Aufkommen patriotischer Lieder sowie in der Entwicklung einer luxemburgisch-sprachigen Literatur niederschlug.

2.5.4 Von 1839 bis zum Ersten Weltkrieg

Nach dem Londoner Vertrag von 1839 blieb das Großherzogtum Luxemburg durch die Mitgliedschaft im Deutschen Bund an Deutschland und durch die Dynastie (Oranien-Nassau) an die Niederlande gebunden.

Als Agrarstaat mit einer hohen Auswanderungsquote konnte Luxemburg nicht autark bestehen. Aus diesem Grund ließ Wilhelm II., der Sohn Wilhelms I., das Land 1842 dem Deutschen Zollverein beitreten.

Ab der zweiten Hälfte des 19. Jahrhunderts kam es, bedingt durch die Entdeckung von Eisenerzvorkommen und den Bau von Eisenbahnen zur Beförderung der Kohle, zu einem starken Wirtschaftswachstum im Land. Der Bedarf an Arbeitskräften führte gegen Ende des 19. Jahrhunderts zu einer starken Einwanderung.

Durch den Londoner Vertrag von 1867 wurde der internationale Status des Großherzogtums gefestigt.

Luxemburg wurde ein auf ewig neutraler und unbewaffneter Staat unter der Garantie der Unterzeichnermächte. Preußen zog seine Garnison aus der Festung ab, die daraufhin geschleift wurde.

Die Personalunion der Niederlande mit Luxemburg endete erst 1890 mit dem Tod Wilhelms III.: Mit dem Tod des letzten männlichen Nachkommen der Dynastie Oranien-Nassau ging die großherzogliche Krone an den Zweig Nassau-Weilburg, die einzige Linie des Hauses Nassau mit einem männlichen Nachkommen. Damit erhielt Luxemburg eine eigene Dynastie, deren erster Vertreter Großherzog Adolph war.

Trotz der im Londoner Vertrag gewährten Garantien kam es 1914 zur Invasion Luxemburgs durch die deutschen Truppen. Die Besetzung beschränkte sich allerdings auf den militärischen Bereich. Der Luxemburger Staat protestierte gegen den deutschen Einmarsch, hielt jedoch an seiner strikten Neutralität gegenüber den Krieg führenden Staaten fest.

Großherzogin Marie-Adélaïde und die Regierung blieben im Amt, was nach dem Ersten Weltkrieg politische Folgen nach sich zog.

2.5.5 Zwischenkriegszeit

Nach dem Abzug der deutschen Truppen im Jahr 1918 warfen Vertreter der Linken Großherzogin Marie-Adélaïde vor, der Besatzungsmacht entgegengekommen zu sein, und forderten die Absetzung der Dynastie.
Im Januar 1919 dankte die Großherzogin zugunsten ihrer Schwester Charlotte ab.
Im September 1919 beschloss die Luxemburger Regierung, ein Doppelreferendum abzuhalten, bei dem es sowohl um die Staatsform (Monarchie oder Republik) als auch um die wirtschaftliche Ausrichtung des Landes nach dem Austritt aus dem Zollverein ging. Die Bevölkerung, die erstmals mit allgemeinem Wahlrecht abstimmte, sprach sich mit großer Mehrheit für die Monarchie und eine Wirtschaftsunion mit Frankreich aus.
Nachdem Frankreich hierzu jedoch nicht mehr bereit war, gründete die Luxemburger Regierung 1921 eine Wirtschaftsunion mit Belgien, die Belgisch-luxemburgische Wirtschaftsunion (BLWU). Luxemburg führte den belgischen Franc als BLWU-Währung ein, behielt aber gleichzeitig den begrenzt emittierten Luxemburger Franc bei.
Nach der Rezession der unmittelbaren Nachkriegszeit kam es zu einer Zeit des wirtschaftlichen Aufschwungs. Allerdings war ab 1929 auch Luxemburg von der Weltwirtschaftskrise betroffen. Auf internationaler Ebene festigte Luxemburg seine Position in den 1930er-Jahren durch eine aktive Beteiligung an der Arbeit des Völkerbunds in Genf bei gleichzeitiger Beibehaltung seiner Neutralität.

2.5.6 Zweiter Weltkrieg

Am 10. Mai 1940 marschierten die deutschen Truppen erneut in Luxemburg ein. Großherzogin Charlotte und die Luxemburger Regierung gingen ins Exil und engagierten sich auf Seiten der Alliierten.
Die deutsche Besetzung bedeutete das Ende der luxemburgischen Unabhängigkeit. Die Einführung einer deutschen Zivilverwaltung zeigte den Willen der Nazis, die luxemburgischen Staatsstrukturen zu zerschlagen und die Bevölkerung zu germanisieren.
Mit großem Propagandaaufwand wurde versucht, die Luxemburger für das Reich zu gewinnen. Ab 1942 wurden die jungen Luxemburger in die Wehrmacht zwangsrekrutiert. Bei der Mehrheit der Bevölkerung zeigte sich ein starker nationaler Zusammenhalt.

Wie in anderen besetzten Gebieten entstanden Widerstandsbewegungen. Die Besatzungsmacht reagierte darauf mit Terror und Deportation. Zwei Prozent der gesamten Luxemburger Bevölkerung verloren während des Zweiten Weltkriegs ihr Leben.

Nach der Befreiung des Landes durch die alliierten Truppen im Jahr 1944 kam es im Rahmen des Marshall-Plans zu umfangreichen Anstrengungen zur Modernisierung und Schaffung von Infrastrukturen.

2.5.7 Nachkriegszeit

Der Zweite Weltkrieg führte zu einer Neuorientierung der luxemburgischen Außenpolitik. Aufgrund seines Engagements an der Seite der Alliierten gab das Land seinen Neutralitätsstatus auf und beteiligte sich am Aufbau aller auf multilateraler Zusammenarbeit beruhenden Organisationen der Nachkriegszeit.

Das Großherzogtum ist Gründungsmitglied der Vereinten Nationen (UNO), des Benelux, der Organisation für europäische wirtschaftliche Zusammenarbeit (OEEC), des Brüsseler Pakts, des Europarats und des Nordatlantik-Pakts (NATO).

Luxemburg beteiligte sich ebenfalls aktiv am europäischen Aufbauwerk. So wurde das Land 1951 und Stahl (EGKS) und 1957 der Europäischen Wirtschaftsgemeinschaft (EWG). Die Gründung der EGKS läutete eine neue Wachstumsperiode ein und der Beitritt zur EWG war Ausgangspunkt für eine Zeit wirtschaftlicher Expansion.

Als erster Arbeitssitz der EGKS wurde die Stadt Luxemburg im Laufe der Jahre – neben Straßburg und Brüssel – ebenfalls Sitz wichtiger Gemeinschaftsinstitutionen.

Heute ist Luxemburg auf europäischer und internationaler Ebene gut vertreten. Als Mitgliedstaat der Europäischen Union und des Euro-Währungsgebietes ist das Land durch seine aktive Rolle bei der europäischen Integration gekennzeichnet.

2.6 Politisches System

Zum politischen System Luxemburgs vgl. ausführlich Presse- und Informationsamt der Luxemburger Regierung 2015.

2.6 Politisches System

2.6.1 Einleitung

Das Großherzogtum Luxemburg, das seit dem Londoner Vertrag vom 19. April 1839 als souveräner und unabhängiger Staat besteht, ist eine parlamentarische Demokratie in Form einer konstitutionellen Monarchie, deren Krone innerhalb der Familie Nassau erblich ist.

Wie in jeder parlamentarischen Demokratie besteht auch in Luxemburg eine flexible Teilung der Gewalten: Zwischen Legislative und Exekutive gibt es zahlreiche Verbindungen. Lediglich die Judikative ist vollkommen unabhängig.

2.6.2 Legislative

Am Gesetzgebungsverfahren sind die Abgeordnetenkammer, die Regierung und der Staatsrat beteiligt. Die Abgeordnetenkammer (Parlament) besteht aus 60 Abgeordneten, die alle fünf Jahre in allgemeiner Wahl gewählt werden; sie allein hat die Legislative inne.

Ihre Hauptaufgabe besteht darin, Gesetzentwürfe der Regierung oder eigene Gesetzesvorlagen zu verabschieden. Die Abgeordneten verfügen über parlamentarisches Initiativrecht, das durch das Einbringen von Gesetzesvorlagen ausgeübt wird.

Auch der Großherzog besitzt ein legislatives Initiativrecht, das aber de facto von der Regierung ausgeübt wird. Aufgrund dieses Initiativrechts, das auch als Initiative der Regierung bezeichnet wird, kann die Regierung, und das ist der Normalfall, Gesetzentwürfe in die Abgeordnetenkammer einbringen – wo sie in der Regel über eine Mehrheit verfügt. Die von der Abgeordnetenkammer verabschiedeten Gesetze werden vom Großherzog verkündet und veröffentlicht.

Bindend wird der Gesetzestext im Anschluss an dessen Veröffentlichung in der Gesetzessammlung „Mémorial".

Der Staatsrat ist ein 21 Mitglieder umfassendes Beratungsorgan der Exekutive, wobei die Räte vom Großherzog ernannt und entlassen werden.

Im Hinblick auf die Gesetzgebung ist das Gutachten des Staatsrates obligatorisch für alle in die Abgeordnetenkammer eingebrachten Gesetzentwürfe und Gesetzesvorlagen einzuholen, und dies vor dem Votum der Abgeordneten. Die Gesetze werden der Kammer zweimal zur Abstimmung vorgelegt, wobei die zweite Abstimmung frühestens drei Monate nach der ersten stattfinden kann. Falls die Abgeordnetenkammer im Einverständnis mit dem Staatsrat hierauf verzichtet, muss die zweite Abstimmung nicht erfolgen, was mittlerweile übliche Praxis ist.

Außer in dringenden Fällen, die dem Ermessen des Großherzogs unterliegen, muss jeder Entwurf zu einer großherzoglichen Verordnung dem Staatsrat zur Stellungnahme vorgelegt werden.

Zu den Aufgaben des Staatsrates gehört es außerdem, zu sämtlichen Änderungsanträgen im Zusammenhang mit Gesetzentwürfen der Regierung, Gesetzesvorlagen des Parlamentes sowie Entwürfen zu großherzoglichen Verordnungen ein Gutachten abzugeben.

Im Rahmen seines Gutachtens ist der Staatsrat verpflichtet, grundsätzlich die Vereinbarkeit der Gesetzestexte mit höherrangigem Recht wie der Verfassung, internationalen Abkommen und Verträgen sowie den allgemeinen Rechtsgrundsätzen zu prüfen.

Unabhängig von der Staatsangehörigkeit können Bürger, wenn sie seit mindestens fünf Jahren in Luxemburg leben, an den Kommunalwahlen (Wahl der Gemeinderäte) teilnehmen. Bürger der Europäischen Union haben zudem die Möglichkeit der Teilnahme an den Europawahlen (Wahl der luxemburgischen Europa-Abgeordneten).

Dazu müssen sich die Bürger bis zum 86. Tag vor der Wahl in die Wahlliste in der Wohnsitzgemeinde eintragen.

Für die Kommunalwahl am 8. Oktober 2017 kann man sich beispielsweise bis Juli 2017 eintragen. Durch die Eintragung in die Wahlliste in Luxemburg verliert man nicht das Wahlrecht für die lokalen Wahlen in der Herkunftsgemeinde im Ausland.

Die Teilnahme an den Europawahlen ist allerdings nicht in mehreren Ländern der Union möglich. Bei einem Umzug innerhalb Luxemburgs erfolgt der Wechsel in die Wahlliste der neuen Gemeinde automatisch. Nach erfolgter Eintragung müssen die Bürger wählen, denn in Luxemburg besteht Wahlpflicht.

2.6.3 Exekutive

Die Exekutive wird vom Großherzog und den Regierungsmitgliedern, die ihn bei der Ausübung seiner verfassungsmäßigen Befugnisse unterstützen, ausgeübt.

Der Großherzog ist das Staatsoberhaupt. Seine Person ist unantastbar, was bedeutet, dass er nicht zur Verantwortung gezogen werden kann, das heißt, er kann weder angeklagt noch gerichtlich belangt werden.

Aus der Nichtverantwortlichkeit des Großherzogs ergibt sich die Verantwortlichkeit der Minister. Damit eine Handlung des Großherzogs wirksam werden kann, muss sie von einem Mitglied der Regierung gegengezeichnet werden, das dadurch die volle Verantwortung dafür übernimmt.

2.6 Politisches System

Im Zusammenhang mit Handlungen, die direkt oder indirekt mit dem Ministeramt zusammenhängen, handelt es sich hierbei um eine allgemeine Verantwortung. Diese kann sowohl die juristische, das heißt straf- oder zivilrechtliche Verantwortung als auch die politische Verantwortung umfassen. Grundsätzlich muss jede Handlung, für die der Großherzog eine Unterschrift geleistet hat, dem Regierungsrat vorher zur Beratung vorgelegt worden sein. Formal hat der Großherzog laut Verfassung das Recht, seine Regierung nach eigenem Ermessen zusammenzusetzen, das heißt, Ministerien zu bilden und die Ressorts zu verteilen und deren Mitglieder zu ernennen.

In der Praxis bestimmt der Großherzog aufgrund des Ergebnisses der alle fünf Jahre stattfindenden Parlamentswahlen den „Informateur" (das heißt eine mit Sondierungsgesprächen beauftragte Person) und/oder den „Formateur" (Regierungsbildner), wobei Letzterer in der Regel Premierminister wird. Der Regierungsbildner schlägt die Regierungsmitglieder dem Großherzog vor, welcher sie ernennt und vereidigt. Ein und derselbe Minister leitet häufig mehrere Ressorts, da deren Zahl sehr oft höher ist als die der zuständigen Minister. Die neuernannte Regierung stellt ihr politisches Programm der Abgeordnetenkammer vor, die ihr durch eine Abstimmung das Vertrauen ausspricht.

Die neuernannte Regierung stellt ihr politisches Programm der Abgeordnetenkammer vor, die ihr durch eine Abstimmung das Vertrauen ausspricht.

Die Regierung verfügt somit in der Abgeordnetenkammer über eine Mehrheit, auf die sie sich stützen kann.

Die Regierung als Ganzes sowie jeder Minister einzeln ist vor der Abgeordnetenkammer politisch verantwortlich für das, was sie tun. Als Rechtsfolge ihrer politischen Verantwortung müssen die Minister von ihrem Amt zurücktreten, falls ihnen die Abgeordnetenkammer das Vertrauen entzieht (Misstrauensantrag).

Es ist üblich, dass die Minister bei der ersten in der Abgeordnetenkammer verlorenen Abstimmung zurücktreten.

Aufgrund der Verfassung hat der Großherzog jederzeit das Recht, ein Regierungsmitglied abzusetzen, doch ist es in der Praxis so, dass der Rücktritt eines Ministers oder der gesamten Regierung dem Großherzog vom Premierminister angeboten wird.

2.6.4 Judikative

Die Judikative obliegt gemäß der Verfassung den Gerichten. Sie sind in der Ausübung ihrer Funktionen unabhängig.

Neben dem Verfassungsgerichtshof umfasst die Gerichtsbarkeit zwei Zweige: die ordentliche Gerichtsbarkeit (Obergerichtshof, Bezirksgerichte, Friedensgerichte) und die Verwaltungsgerichtsbarkeit (Verwaltungsgerichtshof, Verwaltungsgericht).

2.7 Staatliche Symbole

Zu den staatlichen Symbolen Luxemburgs vgl. ausführlich Presse- und Informationsamt der Luxemburger Regierung 2015.

2.7.1 Staatsflagge

Die erste bekannte Flagge trug Graf Wilhelm von Luxemburg im Jahr 1123. Sie war horizontal gestreift, wahrscheinlich in den Farben Gelb und Rot.

Die heutige luxemburgische Flagge besteht aus drei horizontalen Streifen in den Farben Rot, Weiß und Himmelblau. Trotz der starken Ähnlichkeit zwischen den Flaggen Luxemburgs und der Niederlande unterscheidet sich die niederländische Flagge durch einen kobaltblauen Streifen.

Die meisten modernen blauweißroten Flaggen gehen mehr oder weniger direkt auf die Trikolore der Ersten Französischen Republik zurück. Sogar die sehr alte niederländische Flagge erhielt die Farben Rot, Weiß und Blau offiziell erst 1795, unter französischem Einfluss, durch die Batavische Republik.

Die luxemburgische Flagge sowie das Staatswappen sind durch das Gesetz vom 23. Juni 1972 über die staatlichen Embleme geschützt. Das Rot der Flagge entspricht der Farbe Pantone 032 C, das Blau der Farbe Pantone 299 C (Großherzogliche Verordnung vom 27. Juli 1993).

2.7.2 Nationalhymne

Die Nationalhymne besteht aus der ersten und letzten Strophe des Liedes „Ons Heemecht" (Unsere Heimat) von 1859, einem Text des Dichters Michel Lentz, der von Jean-Antoine Zinnen vertont wurde.

Sie wurde zum ersten Mal 1864 anlässlich einer großen Feierlichkeit in Ettelbrück öffentlich vorgetragen.

Die luxemburgische Nationalhymne ist ein bewegender Appel zum Frieden. In ihr kommt die ganze Freude darüber zum Ausdruck, dass das Land 1839 in Frieden und in zunehmendem Wohlstand die Unabhängigkeit erlangt hat.

2.7 Staatliche Symbole

Hymne des großherzoglichen Hauses, Der „Wilhelmus", wurde durch ein Trompetensignal oder eine Kavalleriefanfare inspiriert, deren älteste schriftliche Spuren aus dem 16. Jahrhundert stammen.

Der „Wilhelmus" erklingt, wenn ein Mitglied der großherzoglichen Familie bei einer offiziellen Feier ankommt und wenn es diese wieder verlässt.

2.7.3 Nationalfeiertag

Seit Ende des 18. Jahrhunderts ist es üblich, den Geburtstag des Herrschers zu feiern. Während der langen Herrschaft von Großherzogin Charlotte (1919 bis 1964) fanden diese Feierlichkeiten mitten im Winter, am 23. Januar, am Geburtstag der Herrscherin statt.

Durch großherzoglichen Beschluss vom 23. Dezember 1961 wurde der Tag der öffentlichen Feier zum Geburtstag des Herrschers und damit der Nationalfeiertag jeweils auf den 23. Juni festgelegt, was vor allem mit den Witterungsverhältnissen zu tun hatte. Die Feierlichkeiten beginnen bereits am Vorabend.

Der Ausdruck „Nationalfeiertag" kommt in den Gesetzestexten nicht vor. Er wird dort als „Tag der öffentlichen Feier des Geburtstags des Großherzogs" bezeichnet.

2.7.4 Wappen

Der Ursprung des luxemburgischen Staatswappens reicht bis ins Mittelalter zurück. Es wurde um das Jahr 1235 von Graf Heinrich V. von Luxemburg festgelegt.

Bereits 1123 trug Graf Wilhelm von Luxemburg auf seinem Reitersiegel ein gestreiftes Banner.

Die meisten Nachkommen des ersten Hauses Luxemburg trugen ein gestreiftes Wappen, während die Nachkommen des Hauses Namur einen Löwen trugen.

Das Wappen des Großherzogtums Luxemburg existiert in drei Größen: So gibt es das kleine Wappen, das mittlere Wappen und das große Wappen. Es besteht im Wesentlichen aus zehn Streifen in Silber und Azurblau, auf denen ein aufrecht stehender roter Löwe mit goldener Krone, goldenen Krallen, goldener Zunge sowie einem gespaltenen Schwanz abgebildet ist, dessen Teile kreuzweise übereinander gelegt sind.

Das Wappen ist durch das Gesetz vom 23. Juni 1972 über die staatlichen Embleme geschützt, welches durch das Gesetz vom 27. Juli 1993 geändert und ergänzt wurde.

2.8 Bevölkerung

Zur Bevölkerung Luxemburgs vgl. ausführlich Presse- und Informationsamt der Luxemburger Regierung 2015.

2.8.1 Einleitung

Nach der um 1870 einsetzenden Industrialisierung kam es in Luxemburg zu einem starken Bevölkerungsanstieg. Dieser ist hauptsächlich auf die anhaltende Einwanderung seit Ende des 19. Jahrhunderts zurückzuführen.
Im Jahr 1910 zählte Luxemburg 260.000 Einwohner; mit knapp 576.000 Einwohnern im Januar 2016 hat sich diese Zahl innerhalb eines Jahrhunderts mehr als verdoppelt.

2.8.2 Plurale Gesellschaft

Bis zum Ersten Weltkrieg war das Land durch eine hohe, vor allem wirtschaftlich bedingte Auswanderung nach Übersee gekennzeichnet. Doch sollte sich das Auswanderungsland Luxemburg mit der Industrialisierung Ende des 19. Jahrhunderts allmählich zum Einwanderungsland entwickeln.
Nach diesem ersten Immigrationsschub kam es in den 1960er- und 1970er-Jahren zu weiteren Einwanderungswellen, bei denen infolge einer proaktiven Immigrationspolitik zahlreiche italienische und portugiesische Einwanderer nach Luxemburg kamen, um im Stahl- und Bausektor zu arbeiten.

2.8.3 Strukturelle Veränderungen in der Gesellschaft

Die Luxemburger Bevölkerung ist durch anhaltendes Wachstum gekennzeichnet.
Luxemburg gehört zu den fünf europäischen Ländern mit der höchsten Lebenserwartung: 2012 betrug sie 84,3 Jahre bei Frauen und 79,5 Jahre bei Männern. Der Unterschied zwischen beiden Geschlechtern ist relativ gering und hat im Laufe der Zeit kontinuierlich abgenommen.
In der zweiten Hälfte des 20. Jahrhunderts ist ein stetiger Beschäftigungsanstieg zu verzeichnen. In den vergangenen zehn Jahren hat sich die Zahl der Grenzgänger aus Frankreich, Belgien und Deutschland verdoppelt und lag Anfang 2016 bei über 170.000. Die unselbstständige Erwerbsbevölkerung Luxemburgs setzt

2.8 Bevölkerung

sich zu 71 % aus Grenzgängern (45 %) und in Luxemburg lebenden Ausländern (26 %) zusammen.

Zum letztverfügbaren Status 1. Januar 2016 setzte sich die Bevölkerung fast zur Hälfte aus Nichtluxemburgern zusammen: 269.200 Menschen sind Ausländer, was 46,7 % der Gesamtbevölkerung entspricht. Rund 86 % der in Luxemburg lebenden Ausländer sind Staatsangehörige eines der 28 EU-Mitgliedstaaten.

Die größten Ausländergemeinschaften bilden die Portugiesen (36 %) und Franzosen (15 %), gefolgt von den Italienern (acht Prozent) und Belgiern (sieben Prozent); alles in allem leben in Luxemburg Angehörige von mehr als 160 Nationalitäten.

2.8.4 Luxemburgische Staatsbürgerschaft

Die luxemburgische Staatsbürgerschaft wird durch Geburt, Volladoption bzw. einfache Adoption oder Einbürgerung erworben. Durch sie erhält ein Ausländer sämtliche mit der Eigenschaft eines Luxemburgers verbundenen bürgerlichen und politischen Rechte.

Nicht-Luxemburger können die luxemburgische Staatsangehörigkeit durch Option erwerben. Damit erhalten sie die mit der Rechtsstellung eines Luxemburgers verbundenen Rechte und Pflichten. Die Option hat nur Auswirkungen auf die Zukunft.

Der Erwerb der luxemburgischen Staatsangehörigkeit durch Option ist nur in zehn bestimmten Fällen möglich.

Alle Nicht-Luxemburger, die die unten aufgeführten Bedingungen erfüllen, können die luxemburgische Staatsangehörigkeit durch Option erwerben.

Das Optionsmodell richtet sich an folgende Personen:

- Volljährige, die einen Elternteil, Adoptivelternteil oder Großelternteil haben, der Luxemburger ist oder war (Fall Nr. 1);
- Eltern eines minderjährigen Luxemburgers (Fall Nr. 2);
- Ehepartner von Luxemburgern/Luxemburgerinnen (Fall Nr. 3);
- in Luxemburg geborene Personen ab dem Alter von zwölf Jahren (Fall Nr. 4);
- Volljährige, die mindestens sieben Jahre lang die Schule in Luxemburg besucht haben (Fall Nr. 5);
- Volljährige, die seit mindestens 20 Jahren rechtmäßig in Luxemburg leben (Fall Nr. 6);
- Volljährige, die die Verpflichtungen aus dem Aufnahme- und Eingliederungsvertrag erfüllt haben (Fall Nr. 7);
- Volljährige, die sich vor dem 18. Lebensjahr in Luxemburg niedergelassen haben (Fall Nr. 8);

- Volljährige, denen die Rechtsstellung des Staatenlosen, Flüchtlings oder subsidiär Schutzberechtigten anerkannt wurde (Fall Nr. 9);
- Freiwillige Wehrdienstleistende (Fall Nr. 10).

Der häufigste Fall zurzeit ist immer noch Fall Nr. 7, wobei Volljährige, die die Verpflichtungen aus dem Aufnahme- und Eingliederungsvertrag erfüllt haben, die luxemburgische Staatsangehörigkeit beantragen können, sofern sie folgende Voraussetzungen erfüllen:

- Sie leben seit mindestens fünf Jahren rechtmäßig in Luxemburg. Das letzte Wohnsitzjahr unmittelbar vor der Optionserklärung muss ununterbrochen gewesen sein;
- Sie beherrschen die luxemburgische Sprache, was durch eine Bescheinigung der bestandenen Prüfung zur Beurteilung der luxemburgischen Sprachkenntnisse belegt werden muss;
- Sie haben am Kurs „Vivre ensemble au Grand-Duché de Luxembourg" teilgenommen oder die Prüfung über die in diesem Kurs unterrichteten Themen bestanden.

Der Erwerb der luxemburgischen Staatsangehörigkeit ist an eine Ehrenhaftigkeitsbedingung geknüpft.

2.8.5 Aufenthalt in Luxemburg

2.8.5.1 Anmeldung
Jeder, der in eine luxemburgische Gemeinde umziehen möchte, muss sich, unabhängig von seiner Staatsangehörigkeit, gleich nach seiner Ankunft beim Einwohnermeldeamt der Kommunalverwaltung seines Wohnorts anmelden.

2.8.5.2 Einreise- und Aufenthaltsbedingungen für das luxemburgische Gebiet
Die Formalitäten in Zusammenhang mit der Einreise und dem Aufenthalt sind je nach Herkunftsland unterschiedlich.

Für Bürger der Mitgliedstaaten der Europäischen Union oder eines gleichgestellten Landes (Island, Liechtenstein, Norwegen und Schweiz) gelten vereinfachte Aufenthaltsbestimmungen gemäß dem Grundsatz der Freizügigkeit, der ihnen das Recht gibt, innerhalb der Europäischen Union im Land ihrer Wahl zu leben und zu arbeiten.

2.8 Bevölkerung

Für Aufenthalte von bis zu drei Monaten sind keine Formalitäten erforderlich, es wird lediglich ein gültiges Ausweisdokument (Pass oder Personalausweis) benötigt. Bei längeren Aufenthalten ist bei der Gemeinde des Wohnsitzortes spätestens drei Monate nach der Ankunft eine Meldebescheinigung zu beantragen.

Besondere Übergangsbestimmungen gelten für kroatische Bürger im ersten Jahr, in dem sie in Luxemburg arbeiten: sie benötigen prinzipiell eine Arbeitserlaubnis.

Für Personen aus Drittstaaten gelten restriktivere Bestimmungen. Für Aufenthalte von bis zu drei Monaten müssen Bürger aus einem Drittstaat, wenn sie der Visumspflicht unterliegen, ein Visum haben und sich nach der Einreise in ihrer Aufenthaltsgemeinde anmelden bzw. bei Unterbringung in einem Hotel einen Meldeschein ausfüllen. Ist ein längerer Aufenthalt geplant, muss die Person vor der Einreise beim Ministerium für auswärtige und europäische Angelegenheiten eine Aufenthaltserlaubnis beantragen.

Die Aufenthaltserlaubnis kann als Arbeitnehmer, Selbstständiger, Sportler, Student, Schüler, Praktikant, Freiwilliger, Au-Pair, Forscher, Angehöriger oder aus privaten Gründen beantragt werden.

2.8.5.3 Beantragung einer Arbeitserlaubnis

Staatsangehörige der Länder der Europäischen Union benötigen, mit Ausnahme von kroatischen Bürgern (siehe vorstehender Absatz), keine Arbeitserlaubnis.

Für Personen aus Drittstaaten gilt die Aufenthaltserlaubnis als Arbeitnehmer im Allgemeinen als Arbeitserlaubnis. Es gibt jedoch ein paar Ausnahmen von dieser Regel, insbesondere für Bürger aus Drittstaaten, die eine Aufenthaltserlaubnis eines anderen Mitgliedslands der Europäischen Union haben und einer beruflichen Tätigkeit in Luxemburg nachgehen möchten (Grenzgänger), und für Bürger aus Drittstaaten, die während eines Aufenthalts von weniger als drei Monaten einer bezahlten Tätigkeit nachgehen möchten.

Die betreffenden Personen müssen eine Arbeitserlaubnis beantragen und sich beim Ministerium für auswärtige und europäische Angelegenheiten – Einwanderungsbehörde erkundigen.

Arbeitgeber, die einen Arbeitnehmer aus einem Drittstaat einstellen möchten, müssen sich ebenfalls an eine bestimmte Vorgehensweise halten.

Sie müssen zunächst der Agentur für Arbeit (agence pour le développement de l'emploi, ADEM) die freie Stelle melden. Wenn ihnen innerhalb von drei Wochen kein passender Bewerber vom lokalen Arbeitsmarkt vorgeschlagen wird, können sie beim Direktor der ADEM eine Bescheinigung beantragen, die es ihnen erlaubt, einen Arbeitsvertrag mit einer Person ihrer Wahl, das heißt insbesondere einem Drittstaatangehörigen, abzuschließen.

2.8.5.4 Wohnungssuche

Die Lage auf dem luxemburgischen Immobilienmarkt ist aufgrund der stetig steigenden Nachfrage und des ungenügenden Neubaus von Wohnraum angespannt. Daher ist es empfehlenswert, sich weit im Voraus des geplanten Umzugs nach Luxemburg um eine Unterkunft zu kümmern.

Mehrere Informationsquellen stehen zur Verfügung:

- Das „Portail des Observatoire de l'habitat" (http://observatoire.ceps.lu) liefert für Miet- und Kaufobjekte Informationen zu Immobilienpreisen je nach Lage und Fläche. Der Immobilienkauf kann auf einem Markt, auf dem Immobilieninvestitionen schnell rentabel sind, in der Tat eine Option sein.
- Hilfe bei der Immobiliensuche bieten Internetseiten (www.athome.lu, www.immotop.lu, www.habiter.lu, www.immostar.lu, usw.), zahlreiche Immobilienbüros und Relocation Service Agenturen. Letztere bieten auch Unterstützung bei behördlichen Formalitäten.

Sämtliche Informationen zu den Vorgängen bei Miet- oder Kaufabsicht finden sich im virtuellen Leitfaden der luxemburgischen Verwaltung www.guichet.public.lu, Reiter „Bürger", Rubrik „Wohnen".

2.8.5.5 Relocation Service Agenturen

Relocation Service Agenturen bieten personalisierte Beratung und Unterstützung für Expatriates bei der Niederlassung in einem Land. Mehrsprachige Teams bieten logistische Unterstützung und Betreuung bei den Vorgängen und erleichtern so die Niederlassung und Integration von Ausländern im Großherzogtum Luxemburg.

Diese Angebote richten sich sowohl an Privatpersonen als auch an Unternehmen.

2.8.5.6 Fahrzeuganmeldung

Wer sich in Luxemburg niederlässt und sein Fahrzeug einführen möchte, muss dieses so bald wie möglich, spätestens jedoch sechs Monate nach seiner Ankunft (Datum der Anmeldung bei der Gemeinde) bei der Nationalen Gesellschaft für Kfz-Verkehr (Société Nationale de Circulation Automobile, SNCA) zulassen.

Wenn ein in einem anderen Mitgliedsland des Europäischen Wirtschaftsraums (EWR) zugelassenes Fahrzeug in Luxemburg umgemeldet werden soll, so bleibt die von den zuständigen Behörden dieses Staates ausgestellte Bescheinigung über die technische Prüfung gültig, jedoch nicht für einen längeren als den von der luxemburgischen Gesetzgebung vorgesehenen Zeitraum.

2.8 Bevölkerung

Vor Einreichung der Zulassungsunterlagen ist eine Zulassungsnummer zu beantragen (Einzelheiten, siehe Internetseite der SNCA: www.snca.lu).

Für die Zulassung eines Gebrauchtfahrzeugs aus einem Land des EWR vorzulegende Unterlagen:

- Ein Antrag auf Fahrzeugtransaktion (auf www.snca.lu zum Herunterladen verfügbar);
- eine „Verwaltungsgebühr"-Marke im Wert von 50 EUR (an den SNCA-Schaltern oder bei der Eintragungs- und Domänenverwaltung erhältlich);
- ein Rechnungsdokument (entspricht einem Eigentumsnachweis);
- eine gültige Versicherungsbescheinigung (Haftpflichtversicherungsnachweis) einer in Luxemburg anerkannten Versicherungsgesellschaft;
- ein Zolldokument (entspricht dem Nachweis der Verzollung);
- ein Dokument über die Zulassung außerhalb Luxemburgs.

Grundsätzlich sind alle oben genannten Unterlagen im Original vorzulegen; bei bestimmten Unterlagen wird auch eine beglaubigte Kopie akzeptiert.

2.8.5.7 Arbeitssuche

Der luxemburgische Arbeitsmarkt ist international und multikulturell ausgerichtet.

Die Tageszeitung Luxemburger Wort veröffentlicht immer samstags Stellenanzeigen.

Zur elektronischen Einsicht der Anzeigen gibt es zahlreiche Internetseiten, unter anderem www.jobs.lu, www.jobsearch.lu, www.monster.lu und www.paperjamjob.lu, aber auch die Stellenseite von www.yellow.lu und die Seite zur Arbeitssuche in der Großregion www.moovijob.com. Moovijob organisiert auch jedes Jahr im März eine Jobmesse.

Weitere Informationen findet man unter:
ADEM Agentur für Arbeit, 10, Rue Bender, L-1229 Luxemburg
Kontakt für Arbeitsuchende: (+352) 247 88888, Fax: (+352) 40 61 41
E-Mail: info@adem.etat.lu, www.adem.public.lu

2.8.5.8 Unternehmensgründung

Eine der Hauptaufgaben der Handelskammer Luxemburg besteht in der Förderung des Unternehmergeistes, die sie auf verschiedenste Weise umsetzt: Öffentlichkeitsarbeit (Veranstaltungen, Veröffentlichungen, Medienarbeit), aktive Unterstützung für Träger von Gründungs- bzw. Übernahmeprojekten, Abstimmung auf nationaler, regionaler und internationaler Ebene mit Organisationen, die ähnliche Ziele verfolgen, usw.

Espace Entreprises: „One-Stop-Shop" für Unternehmer

Zur Gewährleistung eines bestmöglichen Services am Kunden, hat die Handelskammer eine einheitliche Anlaufstelle, das „Espace Entreprises", geschaffen. Hier sind sämtliche Informationen, Ratschläge und Leistungen rund um die Gründung oder Entwicklung einer kaufmännischen, freiberuflichen oder gewerblichen Tätigkeit an einem Ort zu finden.

Individuelle Beratung und Unterstützung für Unternehmer

Die vom Espace Entreprises kostenlos angebotene Beratung und Orientierungshilfe umfasst die wichtigsten wirtschaftlichen, rechtlichen, steuerlichen, sozialen oder administrativen Aspekte für kleine und mittlere Unternehmen, sei es in der Gründungs- oder Übernahmephase, während der Expansion, der Übertragung oder Schließung des Unternehmens.

Eine der Hauptaufgaben des Espace Entreprises ist die Erleichterung der administrativen Formalitäten der Unternehmen, von der Erstellung ihres Dossiers bis hin zur Beantragung der Betriebsgenehmigung. Sein Angebot stützt sich auch auf eine Reihe von Tools und Initiativen, die von der Handelskammer alleine oder zusammen mit Partnern ins Leben gerufen wurden (Bürgschaft, Betreuung, Investorensuche, Unternehmensbörse, etc.).

Verwaltungsleistungen

Das Espace Entreprises bietet eine ganze Reihe an Verwaltungsleistungen an, insbesondere wenn es um Exportangelegenheiten geht: hierzu zählen die Ausstellung von Carnets ATA für die vorübergehende Ausfuhr, die Ausfertigung von Ursprungsbescheinigungen zum Nachweis des Ursprungs der exportierten Produkte oder auch die Ausstellung von Luxtrust-Zertifikaten zum Management von Online-Vorgängen (elektronische Signaturen).

Regelmäßige Veranstaltungen

Das Espace Entreprises bietet auch regelmäßige Veranstaltungen für Unternehmer, wie die Entrepreneurs Day (vorab geplante persönliche Gespräche mit Beratern und Schlüsselakteuren des Unternehmertums) und die „Journées Création, Développement et Reprise d'Entreprises" (KMU-Forum mit Themenvorträgen).

Im Jahr 2014 wurde die ISO 9001:2008 Zertifizierung des Espace Entreprises zur Qualitätssicherung seiner Leistungen und Beratungsangebote für Unternehmen erneuert.

2.9 Sprachen

Zu den Sprachen in Luxemburg vgl. ausführlich Presse- und Informationsamt der Luxemburger Regierung 2015.

2.9.1 Einleitung

Die Sprachsituation in Luxemburg ist durch den Gebrauch und die gesetzliche Anerkennung von drei Sprachen – Luxemburgisch, Französisch und Deutsch – gekennzeichnet.

2.9.2 Geschichtlicher Überblick

Die Mehrsprachigkeit in Luxemburg ist das Ergebnis des historisch gewachsenen Nebeneinanderbestehens von zwei Sprach- und Kulturgemeinschaften: Einer romanischen und einer germanischen.

Im 14. Jahrhundert bestand das Gebiet aus zwei großen Teilen: Im französischsprachigen Teil wurde wallonisch gesprochen, während im deutschsprachigen Teil der luxemburgische Dialekt verwendet wurde.

Schrift- und Verwaltungssprachen waren das damalige Französisch und Deutsch. Die Stadt Luxemburg stellte eine Ausnahme dar, denn obwohl sie im deutschsprachigen Teil lag, war die gängige Sprache dort Französisch.

Nachdem das Deutsche bereits unter der französischen Besetzung im 17. Jahrhundert an Bedeutung verloren hatte, begünstigte die Rückkehr der französischen Truppen Ende des 18. Jahrhunderts die Ausbreitung des Französischen, das schließlich auch in den Lokalverwaltungen des deutschsprachigen Teils verwendet wurde. Im Jahr 1804 wurde der Code Napoléon (französisches bürgerliches Gesetzbuch) eingeführt; sein Einfluss ist bis heute wirksam, da das Französische immer noch alleinige Gesetzgebungssprache ist.

Durch die großherzoglichen Beschlüsse von 1830, 1832 und 1834 wurde die Wahlfreiheit zwischen Deutsch und Französisch bestätigt. Im Bereich der Verwaltung wurde das Französische als Sprache der angesehenen Bürger dem Deutschen gegenüber klar bevorzugt. Das Deutsche wurde hingegen als Schriftsprache im politischen Bereich verwendet, um Gesetze und Verordnungen zu kommentieren und diese Texte für alle verständlich zu machen. In der Grundschule wurde nur Deutsch gelehrt, während das Französische erst in der Sekundarstufe hinzukam.

Nach dem Londoner Vertrag von 1839 und der Teilung des Großherzogtums befand sich das Staatsgebiet des neuen unabhängigen Landes ganz auf deutschsprachigem Gebiet. Den angesehenen Bürgern Luxemburgs gelang es jedoch, das Französische in Verwaltung, Justiz und politischem Leben durchzusetzen. Durch das Gesetz vom 26. Juli 1843 wurde der Französischunterricht in den Grundschulen eingeführt. Damit war Französisch ebenso wie Deutsch ein obligatorisches Unterrichtsfach.

Die deutsch-französische Zweisprachigkeit wurde in der Verfassung von 1848 festgeschrieben, die vorsieht, dass jeder nach Belieben die deutsche oder französische Sprache verwenden kann.

Während des gesamten 19. Jahrhunderts sprachen die Luxemburger im Alltag neben Französisch und Deutsch einen moselfränkischen Dialekt, der bis zum Ende des Jahrhunderts als „Lëtzebuerger Däitsch" (Luxemburger Deutsch) bezeichnet wurde.

Mit der Entwicklung des Nationalgefühls wurde „Lëtzebuergesch" schließlich zur Muttersprache der Luxemburger. In den Grundschulen wurde es ab 1912 unterrichtet. Dass die Luxemburger sich ihrer Sprache eng verbunden fühlen, zeigten sie vor allem während des Zweiten Weltkriegs, als das Luxemburgische zum Ausdruck des Widerstands und des nationalen Zusammenhalts wurde, mit dem sie auf die Zwangsgermanisierung des Landes durch die deutsche Besatzungsmacht reagierten.

2.9.3 Heutige Situation

Erst mit dem Gesetz vom 24. Februar 1984 über die Sprachenregelung wurde die luxemburgische Sprachidentität erstmals offiziell anerkannt und das Luxemburgische als Landessprache bestätigt.

Zusammen mit Deutsch und Französisch ist Luxemburgisch Verwaltungs- und Justizsprache, wodurch die luxemburgische Sprache zum ersten Mal Eingang in die Verwaltung fand.

Eine Bestätigung seiner soziokulturellen Bedeutung brachte 1989 die Anerkennung des Luxemburgischen auf europäischer Ebene durch das Programm Lingua – eine Aktion zur Förderung des Lehrens und Lernens von Sprachen.

Dank der Gründung des Conseil permanent de la langue luxembourgeoise (Ständiger Rat für luxemburgische Sprache) und der Reform der Rechtschreibung im Jahr 1999 ist es möglich, besser auf die steigende Nachfrage nach Büchern über die luxemburgische Sprache (Lehrbücher, Grammatiken, Wörterbücher) zu reagieren.

2.9 Sprachen

Durch die Beibehaltung des Französischen und des Deutschen bleibt Luxemburg ein symbolischer Ort für die Begegnung zwischen romanischer und germanischer Kultur, sowie zwischen vielen anderen zeitgenössischen Kulturen. Die Anerkennung des Luxemburgischen bedeutet für die traditionelle Zweisprachigkeit eine Stärkung und eine Bereicherung.

2.9.4 Soziopolitische Dimension der Mehrsprachigkeit

Die Mehrsprachigkeit ist eine Realität, die im täglichen Leben des Landes tief verwurzelt ist und alle Ebenen der Gesellschaft prägt.

Generell ist Luxemburgisch – die Landessprache – die am Arbeitsplatz, in der Schule und/oder zu Hause am meisten gesprochene Sprache. An zweiter Stelle kommt Portugiesisch – bedingt durch die große portugiesischsprachige Gemeinschaft in Luxemburg –, gefolgt von Französisch und Deutsch. Ein nuancierteres Bild ergibt sich jedoch bei Betrachtung der Sprachsituation in den einzelnen Bereichen.

2.9.4.1 Politik
In der Abgeordnetenkammer (Parlament) ist die Sprachenverwendung nicht ausdrücklich geregelt, sodass die Abgeordneten die Sprache ihrer Wahl benutzen können. Die regulären Debatten werden auf Luxemburgisch abgehalten, während Fragen an die Regierung üblicherweise auf Französisch formuliert werden. Die Gesetze werden hingegen ausschließlich auf Französisch verfasst.

2.9.4.2 Verwaltung
Laut Gesetz vom 24. Februar 1984 können im Verwaltungs- und Justizbereich „Französisch, Deutsch oder Luxemburgisch verwendet werden". Der Bürger kann Gesuche an Verwaltungen in einer dieser drei Sprachen verfassen, wobei die Verwaltung „nach Maßgabe des Möglichen" verpflichtet ist, in ihrer Antwort die vom Antragsteller gewählte Sprache zu benutzen. Bei der täglichen Arbeit in den Verwaltungen wird Französisch als Schriftsprache, Luxemburgisch hingegen als gesprochene Sprache (für Arbeit und Kommunikation) bevorzugt.

2.9.4.3 Bildungswesen
Sprachen genießen im Luxemburger Schulsystem einen hohen Stellenwert. Die mehrsprachige Tradition des Bildungswesens bedeutet einen enormen Vorteil für die Schüler, gleichzeitig aber auch eine Herausforderung angesichts einer zunehmend

heterogenen Schülerschaft. Rund die Hälfte der Schüler spricht zu Hause als erste Sprache eine andere Sprache als Luxemburgisch.

Deutsch wird ab dem ersten Jahr des zweiten Lernzyklus der Grundschule (im Alter von sechs Jahren) unterrichtet, während Französisch ab dem darauffolgenden Jahr auf dem Lehrplan steht. Arbeitssprache im Grundschulunterricht, während der ersten Jahre des Sekundarunterrichts sowie im technischen Sekundarunterricht ist Deutsch.

Im Sekundarunterricht dominiert ab dem vierten Jahr das Französische. Im Sekundarunterricht sowie im technischen Sekundarunterricht kommt ab einem bestimmten Zeitpunkt Englisch hinzu, wobei die Schüler des Sekundarunterrichts zusätzlich Latein, Spanisch oder Italienisch wählen können.

Während der gesamten Schulzeit macht der Sprachunterricht 50 % der Gesamtstundenzahl aller Fächer aus.

2.9.4.4 Medien
Deutsch ist seit jeher die bevorzugte Sprache der Printmedien, auch wenn Französisch in den traditionellen Tageszeitungen und bestimmten Wochenzeitungen inzwischen einen höheren Stellenwert genießt. Auf Luxemburgisch verfasste Artikel bleiben dagegen die Ausnahme.

Verschiedene Presseprodukte – Tageszeitungen, Wochenzeitungen und Periodika –, die sich an bestimmte in Luxemburg lebende Ausländergemeinschaften oder an die Grenzgänger wenden, sind in den letzten Jahrzehnten neu auf den Markt gekommen; sie sind ganz in portugiesischer, französischer bzw. englischer Sprache verfasst.

Bei den landesweiten und lokalen Radiosendern dominiert vor allem das Luxemburgische, während der Stellenwert der anderen Sprachen (vor allem Französisch und Englisch) abhängig von der Programmgestaltung bzw. vom Zielpublikum variiert.

Der einzige landesweite Fernsehsender strahlt zwar nur Programme in luxemburgischer Sprache aus, doch werden die Fernsehnachrichten mit französischen bzw. deutschen Untertiteln angeboten. Außerdem werden seit Herbst 2008 fünfminütige Kurznachrichten in französischer Sprache ausgestrahlt.

2.9.4.5 Kultur
Im Luxemburger Kulturleben spielen die verschiedenen Sprachen alle eine Rolle, auch wenn ihre jeweilige Bedeutung je nach Kunstbereich variiert.

Während Literaturproduktion und Veröffentlichungen in luxemburgischer Sprache inzwischen einen einzigartigen Aufschwung erleben, erscheinen gleichzeitig,

2.9 Sprachen

je nach sprachlicher Affinität des betreffenden Autors, zahlreiche Werke in französischer bzw. deutscher Sprache. Bei den von Buchhandlungen verbreiteten Werken handelt es sich vor allem um französisch- und deutschsprachige Veröffentlichungen, jedoch auch um luxemburgisch- und englischsprachige Werke oder Publikationen in noch anderen Sprachen. Außerdem bieten manche Buchhandlungen Ausschließlich Veröffentlichungen in einer bestimmten Sprache an.

Das Gesetz vom 24. Juni 2010 über die öffentlichen Bibliotheken verpflichtet Letztere dazu, den Nutzern eine aktuelle Sammlung an Werken zu den wichtigsten Wissens- und Kulturbereichen bereitzustellen, und zwar mindestens in den drei Sprachen, die im Gesetz vom 24. Februar 1984 über die Sprachenregelung vorgesehen sind.

Theaterstücke werden in der Originalsprache auf Luxemburgisch, Französisch, Deutsch oder Englisch aufgeführt, und dies sowohl von luxemburgischen Schauspielern als auch von den großen Ensembles aus Deutschland, Frankreich und Belgien.

Im Kino werden ausländische Filme systematisch in der Originalsprache mit französischen und niederländischen oder auch deutschen Untertiteln gezeigt.

2.9.4.6 Beruf und Gesellschaft

Das öffentliche Leben wäre undenkbar ohne das Nebeneinanderbestehen, ja sogar den gleichzeitigen Gebrauch mehrerer Sprachen, deren Verwendung je nach Ort und Tätigkeit variiert.

Da die erwerbstätige Bevölkerung mehrheitlich aus Ausländern – in Luxemburg lebenden Ausländern und Grenzgängern aus Frankreich, Belgien und Deutschland – besteht, ist die wichtigste Verkehrssprache Französisch, gefolgt von Luxemburgisch, Deutsch, Englisch und Portugiesisch.

Französisch wird vor allem im Handelssektor sowie im Hotel- und Gaststättengewerbe, und zwar hauptsächlich in der Hauptstadt und Umgebung, verwendet.

Der Norden des Landes stellt eine Ausnahme dar, insofern als dies die einzige Region des Landes ist, wo Luxemburgisch öfter verwendet wird als Französisch.

Englisch ist Verkehrssprache der großen ausländischen Gemeinschaft, die bei den europäischen Institutionen, im Bankensektor und in der Industrie beschäftigt ist.

Angesichts der großen portugiesischen Einwanderergemeinschaft verwenden die Portugiesen ihre Muttersprache häufig sowohl am Arbeitsplatz als auch in der Freizeit.

Einige Wörter auf Lëtzebuergesch

Moien	Guten Tag
Äddi	Auf Wiedersehen
Jo	Ja
Nee	Nein
Wann ech gelift	Bitte
Merci	Danke
Gär geschitt!	Gern geschehen!
Wéi geet et?	Wie geht's?

2.10 Bildung

Zum Bildungssystem Luxemburgs vgl. ausführlich Presse- und Informationsamt der Luxemburger Regierung 2015.

2.10.1 Einleitung

Aufgrund der luxemburgischen Verfassung ist der Staat befugt, das Bildungswesen zu organisieren und zu regeln. Aus diesem Grund sind die meisten Schulen öffentliche und kostenlose Einrichtungen.

Allerdings gibt es auch einige Privatschulen, die nach den gleichen Lehrplänen unterrichten und auf die gleichen Abschlüsse vorbereiten, deren Unterricht jedoch kostenpflichtig ist. Neben den öffentlichen und privaten Schulen unterrichten einige kostenpflichtige ausländische Schulen nach anderen Lehrplänen und bieten deshalb nicht die gleichen Abschlüsse an.

2.10.2 Schulsystem

2.10.2.1 Grundschule

Das im September 2009 in Kraft getretene Gesetz vom 6. Februar 2009 fasst unter der Bezeichnung „Grundschule" die ersten neun Schuljahre zusammen, die sich auf vier Lernzyklen verteilen.

2.10 Bildung

Der erste Zyklus umfasst ein (fakultatives) Jahr frühkindliche Erziehung und zwei (obligatorische) Vorschuljahre.

Die frühkindliche Erziehung wendet sich an Kinder ab drei Jahre. Sie ist Teil der Anstrengungen im Hinblick auf eine bessere Sozialisation der Kinder und das Erlernen des Luxemburgischen als Verkehrssprache aller Kinder, unabhängig von deren Staatsangehörigkeit.

Die frühkindliche Erziehung ist obligatorisch für Kinder, die vor dem 1. September des jeweiligen Jahres das vierte Lebensjahr vollendet haben.

Der zweite, dritte und vierte Zyklus entsprechen der Primarstufe, wobei jeder Zyklus eine normale Dauer von zwei Jahren hat. Die Primarstufe wendet sich an alle Kinder, die vor dem 1. September des jeweiligen Jahres das sechste Lebensjahr vollendet haben.

2.10.2.2 Sekundarunterricht und technischer Sekundarunterricht

Nach der Grundschule besuchen die Schüler nach entsprechender Beratung entweder den Sekundarunterricht oder den technischen Sekundarunterricht.

Der Sekundarunterricht (sieben Jahre) bereitet in erster Linie auf ein Hochschulstudium vor. Der technische Sekundarunterricht (je nach Fachrichtung sechs bis acht Jahre) ist stärker auf das Berufsleben ausgerichtet, ermöglicht jedoch ebenfalls den Zugang zu einem Hochschulstudium.

2.10.2.3 Hochschulwesen

Eine Hochschulausbildung wird von mehreren technischen Gymnasien angeboten, die Ausbildungen in fünf großen Bereichen anbieten: Kunstgewerbe, Handel, Industrie, Gesundheitsberufe und Dienstleistungen. Diese Ausbildungen, die verschiedene Fachgebiete umfassen und sich über zwei bzw. drei Jahre erstrecken, führen zu einem Fachhochschulabschluss (BTS – Brevet de Technicien Supérieur).

Universitätsstudiengänge werden seit dem akademischen Jahr 2003/2004 von der Universität Luxemburg angeboten. Lehre und Forschung finden in Fakultäten und interdisziplinären Zentren statt, in denen Lehr- und Forschungsaktivitäten im Hinblick auf transversale und interdisziplinäre Fragen organisiert werden.

Mit drei Studienabschnitten, von denen jeder zu einem eigenen akademischen Grad führt, wird eine komplette universitäre Ausbildung angeboten. Der erste Studienabschnitt führt zum Grad eines Bachelors, der zweite zum Master und der dritte zur Promotion.

Eine der Aufgaben der Universität besteht darin, den notwendigen Bezug zwischen Lehr- und Forschungstätigkeit sicherzustellen. Aus diesem Grund baut sie die Bereiche Grundlagen-, angewandte und Technologieforschung aus. Die Forschungstätigkeit erfolgt über Projekte, die aufgrund von Vereinbarungen mit Institutionen, Organisationen, Firmen sowie nationalen und internationalen Forschungseinrichtungen stattfinden.

2.10.2.4 Sprachunterricht

Die Lehrkräfte sprechen vor allem während des ersten Zyklus der Grundschule Luxemburgisch mit ihren Schülern. Ziel ist die Entwicklung der Sprachfähigkeit aller Kinder und insbesondere von Ausländerkindern, da die Schule oft der erste Ort ist, wo sie Kontakt mit dieser Sprache bekommen.

Der Sprachunterricht genießt während der gesamten Schulzeit einen hohen Stellenwert. Ab dem Alter von sechs Jahren, also im ersten Jahr des zweiten Zyklus, lernen die Kinder auf Deutsch lesen und schreiben, wobei diese Sprache für alle Grundschulfächer mit Ausnahme von Französisch Arbeitssprache bleibt.

Der Französischunterricht beginnt im zweiten Jahr des zweiten Zyklus. Während der ersten drei Jahre des Sekundarunterrichts sowie des technischen Sekundarunterrichts werden alle Fächer außer Französisch und Mathematik auf Deutsch unterrichtet. Während im Sekundarunterricht ab dem vierten Jahr Französisch Arbeitssprache für alle nichtsprachlichen Fächer ist, dominiert im technischen Sekundarunterricht weiterhin das Deutsche. Englisch wird ab dem zweiten Jahr unterrichtet, wobei im Sekundarunterricht weitere Sprachen (Latein, Spanisch oder Italienisch) als Wahlfächer hinzukommen. In manchen staatlichen Gymnasien bestehen auch rein französisch- oder englischsprachige Unterrichtsangebote.

Luxemburgisch wird während einer Stunde pro Woche in den unteren Klassen des Sekundarunterrichts und des technischen Sekundarunterrichts gelehrt. In den Eingliederungsklassen lernen Schüler, die erst seit kurzem im Land leben, Luxemburgisch nach einer eigens hierfür entwickelten Methode.

In den wenigen ausländischen – französischen, britischen, internationalen – Schulen in Luxemburg stehen Französisch und Englisch im Mittelpunkt, obwohl auch dem Deutsch-, ja sogar dem Luxemburgischunterricht ein gewisser Stellenwert eingeräumt wird.

Die Universität Luxemburg steht ebenfalls im Zeichen der Mehrsprachigkeit: Im Gesetz vom 12. August 2003 über deren Gründung wird nämlich betont, dass ihre Arbeit auf der Grundlage „der Mehrsprachigkeit ihrer Lehrveranstaltungen" erfolgt.

Die Sprachen der Universität sind Französisch, Englisch und Deutsch. Dank der Mehrsprachigkeit können Luxemburger Studenten auch an ausländischen Hochschulen in deutsch-, französisch- oder englischsprachigen Ländern studieren.

Literatur

Handelskammer des Grossherzogtums Luxemburg (Hrsg.) (2015), Leben und Arbeiten, Stand November 2015.
Höhn, N. / Höring, J. (2010), Das Steuerrecht international agierender Unternehmen, 1. Auflage, Wiesbaden 2010.
Koordinierungsausschuss Inspiring Luxemburg (2016), Luxemburg – let's make it happen, unter: http://www.inspiringluxembourg.public.lu/de/index.html
Presse- und Informationsamt der Luxemburger Regierung (Hrsg.) (2015), Alles Wissenswerte über das Großherzogtum Luxemburg, Stand März 2015, unter www.luxemburg.lu
STATEC (institut national de la statistique et des études économiques (Hrsg.) (2016), Luxemburg in Zahlen, 2016, Stand September 2016.

Sonstige Quellen

http://www.luxembourg.public.lu/de/index.html
http://www.inspiringluxembourg.public.lu
http://www.gouvernement.lu/
http://legilux.public.lu/
http://www.guichet.public.lu/entreprises/de/index.html
http://www.guichet.public.lu/citoyens/de/index.html

Wirtschaft im Großherzogtum Luxemburg 3

3.1 Warum Luxemburg?

Luxemburg ist eine konstitutionelle Monarchie mit einer besonders offenen Wirtschaft. Luxemburg verbindet eine große soziale und politische Stabilität mit einer relativ niedrigen Arbeitslosenquote, und multikulturelle Arbeitskräfte mit einem starken staatlichen Streben nach wirtschaftlicher Diversifizierung. Letztere zeichnet sich durch eine gezielte Forschungspolitik und ein freundliches Investitionsklima aus (vgl. Handelskammer des Grossherzogtums Luxemburg 2015, vgl. Presse- und Informationsdienst der Luxemburger Regierung 2015, vgl. STATEC 2016).

Eine der Besonderheiten von Luxemburg ist die vielfältige Herkunft der Bevölkerung. Es handelt sich um ein Land, in dem Menschen aus rund 170 Nationen zusammenleben.

Nahezu 47 % der Einwohner Luxemburgs sind ausländischer Herkunft. In der Hauptstadt erreicht der Anteil der ausländischen Einwohner beinahe 69 %.

Die in Luxemburg am stärksten vertretenen ausländischen Gemeinschaften sind:

- Portugiesen (92.100 Personen),
- Franzosen (39.400 Personen),
- Italiener (19.500 Personen),
- Belgier (18.800 Personen),
- Deutsche (12.800 Personen).

Trotz des hohen Anteils der im Land lebenden Ausländer gibt es keine interkulturellen Spannungen, was eines der wesentlichen Merkmale des luxemburgischen Integrationsmodells ist.

Die besondere demografische Situation und geografische Lage Luxemburgs wirken sich auf den Arbeitsmarkt aus. Die ausländischen Arbeitskräfte, die 71 % der Erwerbstätigen ausmachen, stammen zu einem Teil aus der Immigration (im Land lebende Ausländer). Hinzu kommt ein großer Anteil an Grenzgängern (42 %), die jeden Tag nach Luxemburg pendeln (STATEC 2016).

Wie es auch für andere Kleinstaaten der Fall ist, ist die luxemburgische Wirtschaft sehr stark nach außen gerichtet. Die Studie „KOF Index of Globalization 2015" der ETH Zürich platziert Luxemburg in der Kategorie „wirtschaftliche Globalisierung" auf Platz 3, hinter Singapur (Platz 1) und Irland (Platz 2).

Dabei wurden der internationale Warenaustausch und Handel der Länder sowie die in den Ländern bestehenden Handelsschranken berücksichtigt.

Luxemburg exportiert über 80 % seiner Warenproduktion und Dienstleistungen. Dank einer Anreizpolitik zieht das Land auch zahlreiche ausländische Investoren an: Große Industrie- und Handelskonzerne haben ihr Produktions- und/oder ihr Vertriebszentrum hier angesiedelt.

Luxemburg hat einen der höchsten Lebensstandards der Welt. Während das Preisniveau ähnlich hoch wie das der Nachbarländer (Frankreich, Deutschland, Belgien) ist, ist das Pro-Kopf-Einkommen in Luxemburg erheblich höher. Daher gehört die Pro-Kopf-Kaufkraft in Luxemburg zu den höchsten der Welt.

Darüber hinaus zählt die Lebensqualität in Luxemburg zu einer der besten Europas und zu einer der höchsten aller Industrieländer. In der Studie „Quality of Living Survey 2015" von Mercer Consulting zu 230 Städten weltweit findet sich die Stadt Luxemburg auf Platz 19 wieder. In der internationalen Untersuchung „Global Liveable Cities Index (GLCI) 2014", die sich unter anderem auf wirtschaftliche, ökologische und ästhetische Kriterien stützt, belegt Luxemburg Platz 6 (von 64) der angenehmsten Städte zum Leben und Arbeiten.

Besagte Studie unterstreicht auch die äußerst niedrige Kriminalitätsrate in Luxemburg, die die Stadt Luxemburg zu einer der sichersten Städte der Welt macht.

3.2 Eine leistungsstarke und diversifizierte Wirtschaft

Luxemburg ist ein Land mit ausgeprägter Industrietradition, was sich dadurch zeigt, dass internationale Großkonzerne hier ihren Sitz haben. Die einheimische Industrie ist stark diversifiziert (Eisen- und Stahlindustrie, Metallverarbeitung, chemische Industrie sowie Material- und Kunststoffindustrie oder auch elektrische und elektronische Industrie etc.).

Sie macht etwa sieben Prozent des Bruttoinlandsprodukts (BIP) und neun Prozent der Beschäftigung im Land aus. Die wirtschaftliche Struktur Luxemburgs wird vom Dienstleistungssektor dominiert (82 % des BIP, 80 % der Exporte und 79 % der Arbeitsplätze), der wiederum durch die bemerkenswerte Entwicklung des Finanzplatzes angetrieben wird. Luxemburg liegt mit 143 Banken auf Platz 8 der bedeutendsten internationalen Finanzplätze und im Bereich Investmentfonds weltweit auf Platz 2 hinter den Vereinigten Staaten von Amerika. Im Bereich der „Private-Banking"-Dienstleistungsaktivitäten liegt Luxemburg in der Eurozone in der Führungsposition. Luxemburg verfolgt eine Politik der Diversifizierung seines Finanzsektors, damit sich dieser fortlaufend an die veränderte Nachfrage anpasst, und zwar insbesondere durch die Entwicklung von islamischen Finanzangeboten, Mikrofinanz- oder Philanthropie-Angeboten sowie im Bereich sozial verantwortlicher Investitionen.

Die öffentliche Hand ist sich durchaus der Gefahren einer einseitigen Wirtschaftsstruktur bewusst und verfolgt eine Strategie der Multi-Spezialisierung. Manche Wirtschaftsbereiche des Tertiärsektors expandieren derzeit stark, wie etwa die Logistik (Entwicklung von Cargo-Betreibern, Handlingsfirmen, Anbietern von Logistikleistungen etc.), ein Sektor mit mittlerweile 13.000 Arbeitsplätzen in 780 Unternehmen. Dieser Sektor entwickelt innovative Angebote in den Bereichen „Urban Logistics" (Art der optimalen Beförderung der Warenströme in die, aus den und innerhalb der Städte und Agglomerationen), „grüne" Logistik und Leistungen mit hohem Mehrwert (Luxembourg Freeport). Die Sektoren Medien, Informations- und Kommunikationstechnologie (SES, RTL Group, Microsoft, Siemens, Skype, iTunes, Amazon etc.), neue Gesundheitstechnologien (Lagerung und Analyse biomedizinischer Proben, Molekularmedizin) sowie Ökotechnologien (Bauwesen, erneuerbare Energien, Abfallmanagement, Elektromobilität) sind weitere Ansätze zur Diversifizierung der luxemburgischen Wirtschaft. Zur Unterstützung dieser Diversifizierung investiert Luxemburg massiv in die Forschung und Entwicklung sowie die Innovationsförderung, wie die Entwicklung der Universität Luxemburg und der öffentlichen Forschungszentren (Luxembourg Institute of Science and Technology, Luxembourg Institute of Health, Luxembourg Institute of Socio-Economic Research).

3.3 Soziale und politische Stabilität

Dass in Luxemburg so gut wie nie gestreikt wird, ist auf ein effizientes Schlichtungsmodell zurückzuführen, das Arbeitgeber, Arbeitnehmervertretungen und Regierung einbindet und unter der Bezeichnung „Tripartite" institutionalisiert ist.

An den Tripartite-Sitzungen nehmen Vertreter der drei Gruppen teil, wobei sich die Teilnehmer im Falle einer Streitigkeit oder bei konjunkturellen oder strukturellen Wirtschaftsproblemen um eine Einigung in sämtlichen Fragen der Arbeitsbeziehungen und sozialen Garantien bemühen.

Das nationale politische System zeichnet sich durch große Stabilität aus. Das politische Leben in Luxemburg wird traditionell von drei großen Gruppierungen bestimmt: der Christlich Sozialen Volkspartei (CSV), der Demokratischen Partei (DP) und der Luxemburger Sozialistischen Arbeiterpartei (LSAP).

Die derzeitige Regierung, die aus den vorgezogenen Parlamentswahlen vom Oktober 2013 hervorgegangen ist, besteht aus Ministern dreier politischen Parteien: DP, LSAP und Déi Gréng (die Grünen).

Wie schon in der Vergangenheit, spielt Luxemburg auf internationaler Ebene eine wichtige Rolle beim Aufbau Europas. Jean-Claude Juncker, luxemburgischer Premierminister von 1995 bis 2013, und von 2005 bis 2013 Vorsitzender der Eurogruppe, wurde im November 2014 der dritte luxemburgische Präsident der Europäischen Kommission. Vor ihm hatten bereits zwei weitere ehemalige luxemburgische Premierminister, Gaston Thorn (1981 bis 1985) und Jacques Santer (1995 bis 1999), dieses Amt inne.

3.4 Vorteilhaftes Steuersystem

Das luxemburgische Steuersystem ist besonders vorteilhaft, denn der Einkommensteuersatz für natürliche Personen zählt zu den niedrigsten in Europa.

Eine größere Steuerreform („Steuerreform 2017") ist zum 1. Januar 2017 in Kraft getreten (vgl. Höring 2017, S. 191). Die Steuerreform 2017 fußt im Wesentlichen auf vier Prinzipien: finanzielle Nachhaltigkeit, Gerechtigkeit, Selektivität und Wettbewerbsfähigkeit. Diese Prinzipien vorausgeschickt, hat die Steuerreform 2017 als Ziel, den Mittelstandsbuckel zu glätten, kleine Einkommen sowie Unternehmen zu entlasten und Kapitaleinkünfte mehr zu besteuern.

Ziel der Steuerreform 2017 aus dem Blickwinkel der Besteuerung von Körperschaften sind vor allem die folgenden Aspekte: Ein Schwerpunkt soll die Entlastung kleiner und mittelständischer Unternehmen werden. Außerdem war es die Intention, den Körperschaftsteuersatz ab 2017 von derzeit 21 % auf 19 % und im Jahr darauf weiter auf 18 % zu senken. Damit würde der effektive Steuersatz für Unternehmen von etwa 29 % im ersten Schritt auf 27 % gesenkt.

Für innovative Start-up-Unternehmen soll eine reduzierte Körperschaftsteuer von 15 % gelten, solange der zu versteuernde Jahresgewinn 25.000 EUR nicht übersteigt. Geplant ist im Gegenzug eine breitere Bemessungsgrundlage der

Besteuerung sowie die Erhöhung der (Mindest-)Steuer auf sogenannte soparfi-Gesellschaften (société de participations financières). Außerdem soll unter anderem der Verlustvortrag auf maximal 17 Jahre beschränkt werden.

Die Steuerreform 2017 sieht diverse Veränderungen vor. Im Wesentlichen betrifft dies die Besteuerung von privaten Personen in Luxemburg, daneben die von Körperschaften sowie einige weitere Änderungen.

Die Steuerreform 2017 bringt im Wesentlichen Erleichterungen der Steuerlast bei privaten Personen, vor allem dadurch, dass die Steuertabelle neu gestaltet wurde und weitere Erleichterungen gewährt werden.

Allerdings werden sich vor allem verheiratete Grenzpendler und Doppelverdiener-Ehepaare auf nachteilige Änderungen einstellen müssen: Die Einkünfte, die der Ehepartner in Deutschland verdient, müssen nun in Luxemburg angegeben werden. Das heißt, verheiratete Grenzgänger werden wie Gebietsansässige nach ihrer familiären Situation entsprechend ihrer Steuerklasse zugeordnet und einem Steuersatz unterworfen, der sich nach dem in- und ausländischen Einkommen beider Ehepartner richtet.

Die Unternehmen können von zahlreichen Steuervergünstigungsmaßnahmen, zum Beispiel zur Finanzierung ihrer Investitionen, profitieren.

Die über eine Zahlstelle (Wirtschaftsbeteiligte, die die Zinsen umgehend an den Begünstigten zahlen) mit Sitz in Luxemburg an in Luxemburg ansässige natürliche Personen ausgezahlten Zinsen aus bestimmten Wertpapierspartiteln unterliegen einer befreienden Quellensteuer in Höhe von zehn Prozent. Der Mehrwertsteuerhöchstsatz beträgt seit dem 1. Januar 2015 17 %. Es handelt sich um den niedrigsten Satz in der Europäischen Union (18 % in Malta, 19 % in Zypern und Deutschland). Außerdem sind aufgrund der geringeren (vom luxemburgischen Staat erhobenen) Verbrauchsteuern die Kraftstoffpreise niedriger als in den angrenzenden Ländern.

3.5 Steuerplanung und Entscheidung für einen Standort

Zu den Ausführungen in diesem Abschnitt vgl. insbesondere Höhn und Höring 2010, § 5.

Bevor im Weiteren überhaupt in die Details für den Standort Luxemburg und die steuerliche Betrachtung gegangen wird, wird der Versuch einer Definitionsfindung der „Steuerplanung" vorgenommen. Die Steuerplanung ist einer der wesentlichen Treiber für die Auswahl einer Investition in einem anderen Staat und die Entscheidung für ein entsprechendes Vehikel zur Investition.

Der Begriff der „Steuerplanung" wird im Allgemeinen mit „Steueroptimierungs- bzw. Steuergestaltungslehre" zu umschreiben versucht. Mit einer Steuerplanung wird der Versuch unternommen, rechnerisch möglichst genau den Einfluss von Steuern auf unternehmerische Entscheidungen zu bestimmen und die mathematisch vorteilhafteste Gestaltungsalternative unter Berücksichtigung nicht steuerlicher Einflussfaktoren und Ziele zu berechnen.

Diese relativ einfache Formel der Steueroptimierung birgt allerdings die Gefahr, dass die Ziele zu hoch gesteckt werden und die Vielzahl der ungewissen Parameter, Variablen sowie qualitativen und quantitativen Daten die Erreichung des Zieles ungleich schwerer erscheinen lässt.

Folgender Grundsatz sollte jeweils über jeder Steuerplanung schweben: Steuerplanung und (Steuer-)Rechtsprechung sind sich entgegengesetzt, jedoch dient jede der rückwärtsgewandten (Steuer-)Rechtsprechung der vorwärts gewandten Steuerplanung.

Des Weiteren ist es von Bedeutung zu verstehen, bevor im Folgenden auf die grenzüberschreitende Steuerplanung eingegangen wird, dass ein Unternehmen vor etlichen Entscheidungen steht, wenn es sich im Felde der Internationalisierung seiner Unternehmenstätigkeit bewegt, die wie folgt aufgegliedert werden können:

- Unternehmensfortführung (Kontinuität, Going Concern, Stabilität)
- Unternehmenswachstum (Sicherung sowie Entwicklung einer Internationalisierungsstrategie)
- Wahl der richtigen Rechtsform (deutsche oder andere Kapitalgesellschaft oder Personengesellschaft)
- Konzernsteuerquote
- Verkaufspreise/Entgelte
- Investmenttätigkeit (Investmentvermögen, Fonds oder ähnliches)

Aus gewichtigen Gründen erscheint es notwendig, sich mit dem internationalen Steuerrecht und der grenzüberschreitenden Steuerplanung zu beschäftigen. Zwingender Hintergrund ist zum einen die immer weiter voranschreitende Internationalisierung der eigenen Geschäftstätigkeiten wie auch die immer kürzer werdenden Produktlebenszyklen bei hohen Entwicklungskosten. Zum anderen können international unterschiedliche Steuerbelastungen von Unternehmen gestalterisch in der Weise genutzt werden, dass zum Beispiel die Konzernsteuerquote oder die Gesamtsteuerbelastung minimiert wird (dennoch Risiko einer Doppel- oder Mehrfachbesteuerung).

Mittels des Indikators der sogenannten Exportquote, die angibt, welcher Anteil der im Inland erzeugten Waren und erbrachten Dienstleistungen mithilfe des

3.5 Steuerplanung und Entscheidung für einen Standort

Bruttoinlandsproduktes in das Ausland exportiert wird, lässt sich gut die Bedeutung der grenzüberschreitenden Unternehmenstätigkeit ablesen.

Die weiteren Gründe, warum sich ein Unternehmen zu grenzüberschreitenden Geschäftsaktivitäten (neben den weiteren steuerrechtlichen) entschließt, können nicht allgemein verbindlich, sondern nur über Leitmotive zusammengefasst werden:

- Zugang zu einem ausländischen Markt
- Import- und Exportrestriktionen
- Kostenminimierung der Produktionsfaktoren
- Senkung der Transaktionskosten

Hinsichtlich der internationalen Steuerplanung darf nicht unterschätzt werden, dass auch eine Reihe und Vielzahl von Faktoren für eine Standortwahl in den Entscheidungsprozess mit eingebunden werden müssen, die in Fragen übergehen wie zum Beispiel:

- Gibt es einen allgemeinen Maßstab für die Attraktivität eines ausländischen Standortes?
- Wie und durch welche Maßnahmen wird die Attraktivität des ausländischen Standortes gesichert oder erhöht?
- Welche Vorteile (neben den steuerrechtlichen) hat der ausländische Standort?
- Welche Maßnahmen am ausländischen Standort betreffen das Unternehmen in deren Aktivität allgemein?

Gerade die beiden letzten Punkte sind getrieben von der Frage nach sonstigen Standortfaktoren, die es bei der Analyse zu berücksichtigen und positiv zu beantworten gilt; hier nur eine Auswahl der wesentlichen Faktoren:

- Rechtssicherheit und politische Stabilität
- Mitwirkung der Arbeitnehmer/Angestellten (Gewerkschaftseinfluss), Mitbestimmungsrechte
- Wettbewerbsrechtliche Situation
- Fördermaßnahmen/Subventionen
- Rechtliche/tatsächliche Beschränkungen in der Produktion
- Verfügbarkeit der Produktionsfaktoren (Boden, Arbeit, Kapital) und –anlagen (Gebäude etc.)
- Absatzmöglichkeiten (Nachfragefaktoren, Wettbewerbsfaktoren etc.)

Wie diese Auflistung der wesentlichen Faktoren zeigt, kommt gleichwohl dem steuerlichen Part die wesentliche Bedeutung zu, weil insbesondere bei solchen Unternehmen, die nicht zwangsläufig an einen bestimmten Standort (zum Beispiel infolge des Absatz- oder Beschaffungsmarktes) gebunden sind, die Möglichkeit besteht, diese Faktoren relativ leicht zu verändern und damit die Attraktivität des eigenen Landes für Investoren zu steigern.

Hinsichtlich der steuerrechtlichen Überlegungen sind regelmäßig die folgenden Entscheidungsfaktoren treibend für die internationale Steuerplanung, wobei mehrere Größen von Bedeutung sind, die im Rahmen einer Gesamtbetrachtung in die Überlegungen zur Lösung des Entscheidungsproblems „Standortwahl" einbezogen werden müssen:

- Steuersatz und Bemessungsgrundlage
- Sonstige Steuervergünstigungen (einschließlich Subventionen)
- Rechts- und Planungssicherheit
- Administrativer Aufwand
- Durchsetzung der steuerrechtlichen Ansprüche und des Steuerrechts im Ausland
- Situation hinsichtlich der Doppelbesteuerungsabkommen

Ein entscheidendes Problem ergibt sich daraus, dass eine Standortentscheidung in der Regel kurzfristig nicht korrigiert werden kann, sodass auf zukünftige Werte abgestellt werden muss. Da eine Prognose der Entwicklung im Ausland häufig noch schwieriger möglich ist, als dies im Inland der Fall ist, bedarf der Steuerpflichtige regelmäßig der Hilfe eines mit dem ausländischen Recht hinreichend vertrauten Beraters.

▶ In der Regel sollte auch ein entsprechendes „Ruling" eingeholt werden, welches im Vorfeld die steuerrechtlichen Fragen verbindlich klärt, das von Genehmigung der beabsichtigen Struktur über die Möglichkeit der Gewährung von Begünstigungen bis hin zur Verständigung über Höhe des Gewinns oder Steuern gehen kann.
  Es sollte aber darauf hingewiesen werden, dass dies oftmals im Ermessen der Steuerverwaltung steht.
  Des Weiteren sollte beachtet werden, dass die „Rulings" zwischen den Behörden der Steuerverwaltung Luxemburg mit anderen Heimatstaaten (zum Beispiel Deutschland) ausgetauscht werden. Dieser automatische Informationsaustausch soll für Transparenz sorgen und der

3.5 Steuerplanung und Entscheidung für einen Standort

gängigen Praxis einen Riegel vorschieben, dass internationale Konzerne ihre Gewinne über Grenzen verlagern und damit ihre Steuerlast verringern.

Es soll aber auch hier angeführt werden, dass es Situationen geben kann, in denen der Faktor „Steuern" für die Standortwahl keine Bedeutung entfaltet. Dies ist immer dann der Fall, wenn aus nichtsteuerlichen Gründen zwingend ein bestimmter Standort gewählt werden muss.

Der nichtsteuerliche Treiber für die Standortwahl liegt insbesondere beim sogenannten Projektgeschäft im Maschinen- und Anlagenbau vor: Die Standortwahl wird in der Regel durch den Auftraggeber bestimmt, das heißt, ein Unternehmen ist als Zulieferer eines Konzerns und die Voraussetzung für weitere Lieferungen ist, dass an allen Standorten des Abnehmers auch eine Produktionsstätte des Zulieferers besteht.

▶ Insgesamt sollten folgende sieben goldene Merkpunkte bzw. praktische Hinweise jeweils bei der Steuerplanung als Rahmenpunkte berücksichtigt werden:

Erst mit Ablauf des Veranlagungszeitraumes entstehen die Ertragsteuern, das heißt, bis zum Ablauf der Festsetzungsfrist (§§ 169 bis 171 AO) besteht grundsätzlich Unsicherheit über eine zutreffende steuerrechtliche Behandlung des Sachverhaltes.

Eine steuerrechtliche Fehleinschätzung beeinträchtigt die Zuverlässigkeit einer Steuerplanung (wie zum Beispiel unterschiedliche Auslegungen und Rechtsauffassungen, welche noch nicht abschließend durch Rechtsprechung verbindlich gelöst sind, Problematik des § 42 AO etc.).

Nicht vorhersehbare Änderungen, Aufhebungen und neue Erlasse der Steuergesetzgebung und der (Steuer-) Rechtsprechung, wie die Auffassungen der Finanzverwaltung begrenzen die Möglichkeit und Aussagekraft der Steuerplanung. Es gibt nur einen bedingten Schutz mittels des Grundsatzes von Treu und Glauben im Steuerrecht.

Auf die allgemeine Mitwirkungs- und Dokumentationspflichten (vgl. §§ 90 Abs. 2, 3 AO) bei der Steuerplanung muss hingewiesen werden.

Eine verbindliche Zusage (§ 204 AO) gilt nur für vergangene Sachverhalte, die tatsächliche Verständigung nur für abgeschlossene Sachverhalte. Eine verbindliche Auskunft kann nur im begrenzten Maße die Basis für eine Steuerplanung bilden (Ermessensentscheidung der Finanzverwaltung). Eine gute Steuerplanung sollte Aussagen darüber enthalten, wann die Verlustzone verlassen wird/werden soll und falls die Unternehmung scheitert oder es zu Fehlmaßnahmen kommt. Es besteht verfassungsrechtlicher Schutz vor einer echten Rückwirkung von Steuergesetzen/Gesetzesänderungen im Steuerrecht (anders bei sogenannter unechten Rückwirkung, welche zulässig sein kann, wenn besondere Rechtfertigung des Gesetzgebers vorliegt).

Die Internationale Steuerplanung ist dabei als Teil der Unternehmensplanung und als solche auf die zielgerichtete Vorbereitung zukünftiger Entscheidungen ausgelegt. Schon früh wurde in der einschlägigen Literatur festgestellt, dass die Internationalität eine Folge der „wirtschaftlichen Überwirkungen unternehmerischen Handelns über die Staatsgrenzen hinaus und seiner Beeinflussung durch Steuerrechtsnormen einer und/oder mehrerer Abgabenhoheiten" ist. Danach ist die Internationale Steuerplanung ein Teilgebiet der Internationalen Betriebswirtschaftlichen Steuerlehre und hat sich als Aufgabe gesetzt, auf der Grundlage der Kenntnisse der internationalen Steuerwirkungslehre die steuerlich zweckmäßige Gestaltung der Außenwirtschaftstätigkeit darzustellen.

Um die Zweckmäßigkeit feststellen zu können, bedarf es zunächst einer Zielfestlegung, welche in der Regel das monetäre Oberziel aus der Unternehmenspolitik sein wird; das Oberziel der Unternehmenspolitik ist die langfristige Gewinnmaximierung, welches ein inhärentes Unterziel hat, nämlich die relative Steuerminimierung bzw. Steuerbarwertminimierung, da den Steuern der Charakter einer negativen Zielkomponente inne wohnt.

Die Aufgaben sowie die Instrumente der internationalen Steuerplanung lassen sich in folgende Kernbereiche aufgliedern, wobei vorherrschend meist der erste Bereich ist:

- Organisationsstrukturelle Problemlösungen sowie Planung der Gruppenstruktur
  - Vermeidung von Doppelbesteuerungen
  - Optimierte Rechtsformwahl
  - Einsatz von Holdinggesellschaften etc.
- Erfolgslenkende Gestaltungen, vor allem Steuerung von Bemessungsgrundlagen
  - Nutzung von Steuergefällen dem Grunde und Höhe nach
  - Finanzierungspolitik
  - Verrechnungspreise etc.

3.5 Steuerplanung und Entscheidung für einen Standort

- Vermeidung von konzerninternen Gewinnrealisierungen bei Umstrukturierungen
  - Aufschub der Aufdeckung von stillen Reserven
  - Vermeidung von Verkehrsteuerbelastungen etc.

Abb. 3.1 soll vereinfacht veranschaulichen, wie bei der steuerlichen Planung an die mindestens drei Ebenen (Investor, Vehikel und Vermögensgegenstand) vorzugehen ist. Letztlich kommt es auf das richtige Vehikel an, um die möglichst steuerfreien Cashflows zu generieren:

Jeder Staat hat ein nationales Interesse, und es obliegt einem jedem solchen, ausgehend von dem Ausfluss des völkerrechtlichen Souveränitätsprinzips, das Steuersystem so zu gestalten, dass es den eigenen Steuerpflichtigen entlastet sowie wirtschaftlich die entsprechenden Auslandsaktivitäten zu entfalten. Global gesehen wird ein steuerliches Gesamtkonzept eingebettet in die Wirtschafts-, Steuer-, Außen- und Europapolitik.

Als Ergebnis der international unterschiedlichen Besteuerungsgrundsätze ergibt sich ein internationales Steuergefälle, was in Zeiten der Wirtschaftskrisen teils überspritzt an beiden Enden mit „Steueroase" und „Hochsteuerland" tituliert wird.

Ist ein Land daran interessiert, unerwünschten Abwanderungen ins Ausland steuerlich zu begegnen, ist eine Anpassung der Besteuerungsgrundsätze auf ein international vertretbares Maß erforderlich. Die grenzüberschreitende Steuerplanung ist Ausdruck dieser internationalen Steuergefälle und Funktionsverlagerungen ins steuerbegünstigte Umfeld.

Abb. 3.1 Steuerliche Strukturierung: Das richtige Vehikel. (Eigene Darstellung)

Literatur

Handelskammer des Grossherzogtums Luxemburg (Hrsg.) (2015), Leben und Arbeiten, Stand November 2015.

Höhn, N./Höring, J. (2010), Das Steuerrecht international agierender Unternehmen, 1. Auflage, Wiesbaden 2010.

Höring, J. (2017), Die Steuerreform 2017 in Luxemburg, IWB 2017, 191.

Presse- und Informationsamt der Luxemburger Regierung (Hrsg.) (2015), Alles Wissenswerte über das Großherzogtum Luxemburg, Stand März 2015.

STATEC (institut national de la statistique et des études économiques) (Hrsg.) (2016), Luxemburg in Zahlen, 2016, Stand September 2016.

Sonstige Quellen

http://www.luxembourg.public.lu/de/index.html
http://www.inspiringluxembourg.public.lu
http://www.gouvernement.lu/
http://legilux.public.lu/
http://www.guichet.public.lu/entreprises/de/index.html
http://www.guichet.public.lu/citoyens/de/index.html

Gesellschaftsrechtliche Grundlagen 4

Zu den Ausführungen in diesem Kapitel siehe im Wesentlichen Höhn und Höring (2010, § 6 B), und Höring (2012, § 5 B).

4.1 Übersicht

Das Gesellschaftsrecht in dem Großherzogtum Luxemburg basiert historisch gesehen auf dem Belgischen Gesellschaftsrecht. Das aktuelle luxemburgische Gesellschaftsrecht und das entsprechende Gesetz vom 10. August 1915 (inklusive der entsprechenden Anpassungen) kann im Wesentlichen auf das liberale belgische Gesellschaftsrechtgesetz von 1913 sowie das französische Gesellschaftsrecht referenziert werden. Obwohl natürlich das luxemburgische Handels- und Gesellschaftsrecht durch Vorgaben und Umsetzungen von EU-Direktiven beeinflusst wurde und weiterhin von der EU-Harmonisierung getrieben wird, hat sich nichtsdestoweniger der luxemburgische Staat dafür eingesetzt, seine nationale Gesetzgebung so flexibel und offen wie möglich zu gestalten.

Insgesamt stehen in Luxemburg sieben verschiedene rechtliche Gesellschaftsformen zur Verfügung, wobei in der Praxis die s. a. und die s.à r.l. die am häufigsten vorkommenden und beliebtesten Formen sind. Von bestimmten Umständen abhängig kann auch eine Personengesellschaft die speziellen Ziele erreichen.

In Luxemburg ist es basierend auf der Umsetzung der EU-Vorgaben auch möglich, eine SE („Societas Europaea") als Gesellschaftstyp zu gründen, wonach das Recht der EU gemäß der entsprechenden Richtlinie Anwendung findet.

Nach luxemburgischem Recht können Investmentfonds sowohl als Sondervermögen (vertragliche Form: „fcp", „fonds commun de placement") als auch als Investmentaktiengesellschaft aufgelegt werden (gesellschaftsrechtliche Form mit variablen Kapital: „sicav", „société d'Investissement à capital variable" oder gesellschaftsrechtliche Form mit fixem Kapital: „sicaf", „société d'investissement à capital fixe"). Die beiden Formen eines Pensionsfonds in Luxemburg werden als „sepcav" („société d'épargne-pension à capital variable") oder als „assep" („association d'épargne-pension") geführt.

4.2 Flexibles Handels- und Gesellschaftsrecht

Zu den Ausführungen in den diesem Kapitel siehe auch Presse und Informationsamt der Luxemburger Regierung 2015.

Luxemburg ist wegen seines flexiblen Handels- und Gesellschaftsrechts bekannt. Als Beispiel können die folgenden Optionen einer Gesellschaft mit beschränkter Haftung (in Luxemburg die s.à r.l.) herangezogen werden: Die Anteile der Gesellschaft können registrierte sein oder nicht (sogenannte „Registered Shares" oder „Bearer Shares"), die Anteile können mit Stimmrechten oder ohne versehen werden, Anteile können mit unterschiedlichen Ausschüttungsrechten belegt werden. Daneben kann festgesetzt werden, dass die Gesellschaft von einer spezifischen Gruppe der Anteilinhaber effektiv kontrolliert oder geführt wird, was über eine Vereinbarung und/oder auch in den Statuten der Gesellschaft mittels Restriktionen festgelegt werden kann.

Das Gesellschaftsrecht in Luxemburg erlaubt auch eine Ein-Personen-Gesellschaft (sowohl für die s.à r.l. und s. a.). Diese Möglichkeit erleichtert erheblich, dass eine Gesellschaft nur von einer Person oder einer Mutter-Gesellschaft geführt wird.

Nach dem luxemburgischen Gesellschaftsrecht ist es ebenso möglich, das eingezahlte Kapital in einer fremden Währung zu führen. In diesen Fällen wird sogar der Jahresabschluss in der fremden Währung erstellt.

4.3 Regulierung

Zu den Ausführungen in den diesem Kapitel siehe auch Presse und Informationsamt der Luxemburger Regierung 2015.

Trotz aller Freiheiten und Flexibilitäten bedarf ein funktionierendes Wirtschafts- und Finanzsystem der Regulierung, welche sich auch an den Regeln der anderen Staaten der EU orientiert.

Das entsprechende Ministerium („Ministère des Classes Moyennes") reguliert und vergibt die jeweiligen Genehmigungen für das aktive Betreiben von Unternehmen.

Gesellschaften und Unternehmen, die aktiv im Finanzsektor tätig sind, werden von der Finanzaufsicht CSSF („Commission de Surveillance du Secteur Financier") oder Versicherungsaufsicht CAA („Commissariat aux Assurances") reguliert, beaufsichtigt und eventuell mit Maßnahmen belegt.

4.4 Überblick über die verschiedenen Gesellschaftsstrukturen

Von den sieben unterschiedlichen Rechtsformen einer Gesellschaft sollen im Folgenden die populärsten und am häufigsten genutzten näher beschrieben werden; diese Rechtsformen werden immer wieder auch im Zusammenhang mit den Holdinggesellschaften, Finanzierungsgesellschaften sowie auch mit anderen steueroptimierten Strukturen (wie Investmentfonds und andere Investmentvehikel) in Verbindung gebracht. Die in Luxemburg verwendeten Gesellschaftsformen haben teilweise keine direkte vergleichbare Gesellschaftsform in Deutschland (vgl. Abb. 4.1).

4.5 Gründungen der Gesellschaften

Grundsatz ist in Luxemburg, dass der gewählte Name der Gesellschaft (Firma) von dem einer schon existierenden Gesellschaft unterschiedlich sein muss.

Der vorgeschlagene zu nutzende Name (Firma) kann durch das luxemburgische Handelsregister („Registre de Commerce et des Sociétés", RCS) final vor der Eintragung geklärt werden.

Die Gründungsunterlagen/-dokumente (meist die Satzung) ist von den Gründungsgesellschaftern oder Gründungsanteilseignern zu entwerfen und abhängig von der gewählten Gesellschaftsform Gegenstand eines notariellen Notifikationsprozesses. Die Gesellschaftsdokumente und -verträge wie auch die Satzung können in luxemburgischer, deutscher, französischer oder englischer Sprache abgefasst werden. Falls die Rechtsdokumente in Englisch verfasst worden sind, ist eine Übersetzung zumindest in Luxemburgisch, Deutsch oder Französisch erforderlich.

Generell wird das Grundkapital auf einem geblockten, gesperrten Konto bei einer luxemburgischen Bank hinterlegt für diejenigen Fälle, in denen das Kapital als „cash" eingezahlt wird. Falls für den Gründungsakt der Gesellschaft eine notarielle Beurkundung erforderlich sein sollte (abhängig von der gesellschaftsrechtlichen Form), wird die Bank den Erhalt des Gründungskapitals dem Notar mittels Zertifikat belegen.

4 Gesellschaftsrechtliche Grundlagen

Die populärsten und am häufigsten in Luxemburg genutzten Rechtsformen für Gesellschaften

	Kapitalgesellschaften			Personengesellschaften	
	s. a. (société anonyme)	s.à r.l. (société à responsabilité limitée)	s.c.a. (société en commandit par actions)	s.n.x. (société en nom collectif)	s.c.s. (société en commandite simple)
Gründung	Gründung erfolgt durch notariellen Akt. Die Satzung wird beim Register geführt und muss in extenso veröffentlicht werden.	Gründung erfolgt durch notariellen Akt. Die Satzung wird beim Register geführt und muss in extenso veröffentlicht werden.	Gründung erfolgt durch notariellen Akt. Die Satzung wird beim Register geführt und muss in extenso veröffentlicht werden.	Gründung erfolgt durch notariellen Akt oder durch privatrechtliche Vereinbarung (auf Anzahl der Unterschriften und Kopien der Verträge ist zu achten). Die Satzung sollte in Auszügen veröffentlicht werden.	Gründung erfolgt durch notariellen Akt oder durch privatrechtliche Vereinbarung (auf Anzahl der Unterschriften und Kopien der Verträge ist zu achten). Die Satzung sollte in Auszügen veröffentlicht werden.
Grundkapital	Mind. 31 TEUR, wovon mind. 1/4 bei Gründung eingezahlt werden muss; "bearer shares" und "registered shares" möglich.	Mind. 12,5 TEUR, voll eingezahlt bei Gründung; Kapital wird in "registered shares" eingeteilt.	Mind. 31 TEUR, wovon mind 1/4 bei Gründung eingezahlt werden muss; "bearer shares" und "registered shares" werden von den Kommanditisten gehalten; der Komplementär hat nur "registered shares".	Das Grundkapital wird durch die Gründungsunterlagen bestimmt, kein Mindest- oder Maximumkapital; Kapital wird in "registered shares" eingeteilt.	Das Grundkapital wird durch die Gründungsunterlagen bestimmt, kein Mindest- oder Maximumkapital; Kapital wird in "registered shares" eingeteilt.
Haftung	Haftung der Anteilinhaber ist auf Einlage / gezeichnetes Kapital begrenzt.	Haftung der Anteilinhaber ist auf Einlage / gezeichnetes Kapital begrenzt.	Komplementär hat unbeschränkte, gesamtschuldnersiche Haftung; Haftung des Komanditist ist beschränkt auf Einlage, solange keine Mitwirkung bei der Geschäftsführung der Gesellschaft.	Gesellschafter haftet unbeschränkt, persönlich und gesamtschuldnersich haftend.	Komplementär hat unbeschränkte, gesamtschuldnersiche Haftung; Haftung des Komanditist ist beschränkt auf Einlage, solange keine Mitwirkung bei der Geschäftsführung der Gesellschaft.
Anteilinhaber / Gesellschafter	Mind. ein Anteilinhaber, natürliche oder juristische Person, resident oder nicht-resident.	Mind. ein, max. 40 Gesellschafter, natürliche oder juristische Person, resident oder nicht-resident.	Mind. zwei Anteilinhaber, natürliche oder juristische Person, resident oder nicht-resident.	Mind. zwei Gesellschafter, natürliche oder juristische Person, resident oder nicht-resident.	Mind. zwei Gesellschafter, natürliche oder juristische Person, resident oder nicht-resident.
Hauptversammlung	Jahreshauptversammlung gem. Satzung mind. einmal pro Jahr.	Hauptversammlung einmal pro Jahr (nur wenn mehr als 25 Gesellschafter), ansonsten schriftliche Stimmrechtswahrung	Jahreshauptversammlung gem. Satzung mind. einmal pro Jahr.	Hauptversammlung findet gem. Satzung / Verträge der Gesellschaft statt.	Hauptversammlung findet gem. Satzung / Verträge der Gesellschaft statt.

Abb. 4.1 Rechtsformen in Luxemburg. (Eigene Darstellung)

4.5 Gründungen der Gesellschaften

Geschäftsführung	Anteilinhaber bestimmen den Vorstand ("Board"), der die Gesellschaft führt. Auslagerung der täglichen Geschäfte an Nicht-Vorstand möglich. Board hat üblicherweise mind. drei Mitglieder, dies müssen aber keine Anteilinhaber oder natürliche Personen sein. Eine Ein-Personen-AG hat nur ein Vorstandsmitglied. Falls eine Gesellschaft im Vorstand ist, sollte ein ständiger Vertreter dieser im Vorstand sein. Möglichkeit einer Trennung der Aufsicht in Aufsichtsrat und Vorstand ("two-tier-approach"). Keine Anforderungen an Nationalität oder Domizilierung der Geschäftsführer.	Gesellschafter benennen einen oder mehr Geschäftsführer, die nicht Gesellschafter sein müssen. Keine Anforderungen an Nationalität oder Domizilierung der Geschäftsführer.	Mind. ein Geschäftsführer muss Komplementär sein. Keine Anforderungen an Nationalität oder Domizilierung der Geschäftsführer.	Mind. ein Geschäftsführer erforderlich; falls Satzung und Verträge nichts Weiteres bestimmen, sind alle Gesellschafter Geschäftsführer. Keine Anforderungen an Nationalität oder Domizilierung der Geschäftsführer.	Mind. ein Geschäftsführer muss Komplementär sein; falls Satzung und Verträge nichts Weiteres bestimmen, sind alle Komplementäre Geschäftsführer. Keine Anforderungen an Nationalität oder Domizilierung der Geschäftsführer.
Jahresbericht	Jahresbericht enthält Bilanz, GuV und Anhang. Jahresbericht ist spät. sechs Monate nach GJE der Jahreshauptversammlung zur Genehmigung vorzulegen; Jahresbericht muß innerhalb eines Monats nach Genehmigung der Anteilinhaber beim Register hinterlegt und veröffentlicht werden.	Jahresbericht enthält Bilanz, GuV und Anhang. Jahresbericht ist spät. sechs Monate nach GJE von den Gesellschaftern zu genehmigen; Jahresbericht muß innerhalb eines Monats nach Genehmigung der Gesellschafter beim Register hinterlegt und veröffentlicht werden.	Jahresbericht enthält Bilanz, GuV und Anhang. Jahresbericht ist spät. sechs Monate nach GJE der Jahreshauptversammlung zur Genehmigung vorzulegen; Jahresbericht muß innerhalb eines Monats nach Genehmigung der Anteilinhaber beim Register hinterlegt und veröffentlicht werden.	Jahresbericht enthält Bilanz, GuV und Anhang. Jahresbericht ist spät. sechs Monate nach GJE von den Gesellschaftern zu genehmigen; Jahresbericht muß innerhalb eines Monats nach Genehmigung der Gesellschafter beim Register hinterlegt werden.	Jahresbericht enthält Bilanz, GuV und Anhang. Jahresbericht ist spät. sechs Monate nach GJE von den Gesellschaftern zu genehmigen; Jahresbericht muß innerhalb eines Monats nach Genehmigung der Gesellschafter beim Register hinterlegt werden.
Prüfung	Kleine AG müssen Jahresbericht durch "Commissaire" prüfen lassen; große AG durch einen Wirtschaftsprüfer ("Réviseur d´Entreprises"). Sacheinbringungen erfordern Report eines "Réviseur d´Entreprises".	Kleine Gesellschaften müssen Jahresbericht durch "Commissaire" prüfen lassen; große Gesellschaften durch einen Wirtschaftsprüfer ("Réviseur d´Entreprises"). Sacheinbringungen erfordern einen Wirtschaftsprüfer ("Réviseur d´Entreprises").	Kleine Gesellschaften müssen Jahresbericht durch mind. drei "Commissaires" prüfen lassen; große Gesellschaften durch einen Wirtschaftsprüfer ("Réviseur d´Entreprises"). Sacheinbringungen erfordern Report eines "Réviseur d´Entreprises".	Große Gesellschaften müssen Jahresbericht durch einen Wirtschaftsprüfer ("Réviseur d´Entreprises") prüfen lassen.	Große Gesellschaften müssen Jahresbericht durch einen Wirtschaftsprüfer ("Réviseur d´Entreprises") prüfen lassen.

Abb. 4.1 (Fortsetzung)

In den anderen Fällen, in denen das Grundkapital nicht als Bareinzahlung erfolgt (also zum Beispiel „Contribution in Kind"), muss die Einzahlung durch einen unabhängigen Wirtschaftsprüfer („Réviseur d'entreprises") mittels eines Berichtes über die Einbringung von Vermögensgegenständen nachgewiesen und zertifiziert werden. Dieser Report wird dem Notar zur Verfügung gestellt und muss beinhalten, dass dem Wirtschaftsprüfer keine Tatsachen bekannt sind, dass die Einbringung von Vermögensgegenständen in die Gesellschaft zur Gründung derer nicht zumindest dem Gegenwert der jeweiligen Gesellschaftsanteile entspreche. Die Satzung/Gesellschaftsverträge werden dann von dem Notar und den Gründungsgesellschaftern persönlich oder in Vertretung gegengezeichnet, womit die Gesellschaft ihre Aktivitäten starten kann.

Um den Nachteil einer jeweils einzuberufenden außerordentlichen Gesellschafterversammlung für den Fall einer Kapitalerhöhung, sollten die Satzung/Gesellschaftsverträge einen Passus vorsehen, der für maximal fünf Jahre Gültigkeit besitzt, aber erneuert werden kann, und die Kapitalerhöhung bis zu einem bestimmten, autorisierten Betrag ermöglicht ohne außerordentliche Gesellschafterversammlung: Die Geschäftsführer werden damit ermächtigt, das Grundkapital jederzeit bis zu diesem vorgesehenen bestimmten Betrag zu erhöhen, was dann lediglich der notariellen Beurkundung bedarf.

Der notarielle Beurkundungsprozess erfordert:

- Ein Zertifikat der Bank über das eingezahlte Grundkapital oder ein Report des Wirtschaftsprüfers über das eingezahlte, eingebrachte Grundkapital,
- Eine Vertretungsanzeige für die Repräsentation der Gründungsgesellschafter (falls diese nicht persönlich anwesend sind) und
- Ein Zertifikat, aus dem hervorgeht, wer der ultimative Eigentümer der Gesellschaft ist.

In Luxemburg neu gegründete Gesellschaften müssen sich beim Handels- und Firmenregister (Registre de commerce et des sociétés – RCS) eintragen lassen, indem sie ihre Gründungsurkunde zu Veröffentlichungszwecken dort einreichen.

Die Einreichung und Veröffentlichung der Gründungsurkunde in der elektronischen Sammlung der Gesellschaften und Vereinigungen (Recueil Électronique des Sociétés et Associations – RESA) sind zwingend erforderlich, damit die Existenz der Gesellschaft Dritten gegenüber geltend gemacht werden kann.

Bei einer Änderung der Satzung ist ebenfalls eine Veröffentlichung erforderlich.

Üblicherweise kann zum Beispiel eine Holding-Gesellschaft in Luxemburg innerhalb kürzester Zeit, mithin sogar in zwei Wochen errichtet werden. Dies ist eine der großen Vorteile in Luxemburg. Diese Zügigkeit im Hochziehen einer

4.5 Gründungen der Gesellschaften

Gesellschaft ist allerdings gewiss abhängig von Kriterien und Faktoren wie Komplexität der Gesellschaftsstruktur, Schnelligkeit der Bankkontoeröffnung für die Einzahlung des Grundkapitals, die Verfügbarkeit des Namens der Gesellschaft und eventuelle Verfügbarkeit von Vertretern im Falle, dass die Gründungsgesellschafter nicht persönlich der Errichtung der Gesellschaft beiwohnen und erscheinen können.

Im Wesentlichen fallen die folgenden Kosten für die Gründung einer Gesellschaft an:

- Kosten für den Entwurf der Gesellschaftsdokumente, -verträge, Satzung etc.
- Eventuelle Kosten für den Wirtschaftsprüfer, steuerlichen Berater etc.
- Gebühren für die notarielle Beurkundung (Notarkosten sind abhängig von dem gezeichneten Grundkapital)
- Gebühren und Kosten für die Veröffentlichung der Dokumente sowie Registrierung bei RCS
- Fixe Registrierungsgebühr von 75 EUR

Auch jährliche Kosten und Gebühren fallen bei den Gesellschaften an:

- Kosten für das Gebäude und Verwaltung (abhängig von Art und Umfang des Geschäftes)
- Kosten und Gebühren für die Vorbereitung und Zertifizierung (Prüfung) des Jahresabschlusses durch Wirtschaftsprüfer (falls erforderlich)
- Kosten und Gebühren für die Steuererklärungen (inklusive eventueller Steuer- und/oder Rechtsberatung)
- Gebühren für die luxemburgische Handelskammer

Bestimmte Dokumente müssen regelmäßig veröffentlicht werden, wie zum Beispiel die Publikationen der Jahresversammlungen der Anteilinhaber/Gesellschafter und die Übermittlung des Jahresabschlusses. Daneben können auch Veröffentlichungen in einer luxemburgischen Tageszeitung (zum Beispiel „Luxemburger Wort" etc.) infrage kommen.

Ähnlich wie bei den Gründungen der Gesellschaften, vollziehen sich die Gründungen/Auflage von Investmentvermögen. Hier ist allerdings zu beachten, dass der gesamte Prozess unter der Genehmigung der CSSF steht. Dennoch spielt gerade bei Gründungen die gesellschaftsrechtliche Komponente – wie oben dargestellt – eine wesentliche Rolle, sodass sich die wesentlichen Prozesse auch bei der Gründung/Auflage eines Investmentvermögen hier widerspiegeln.

Literatur

Höhn, N./Höring, J. (2010), Das Steuerrecht international agierender Unternehmen, 1. Auflage, Wiesbaden 2010.
Höring, J. (2012), Investmentrecht, 1. Auflage, Wiesbaden 2012.
Presse- und Informationsamt der Luxemburger Regierung (Hrsg.) (2015), Alles Wissenswerte über das Großherzogtum Luxemburg, Stand März 2015.

Sonstige Quellen

http://legilux.public.lu/
http://www.guichet.public.lu/entreprises/de/index.html
http://www.guichet.public.lu/citoyens/de/index.html

Steuerliche Grundlagen 5

5.1 Einleitung

Im Folgenden wird auf das luxemburgische Steuersystem in Bezug auf die Besteuerung von Unternehmen eingegangen. Die Besteuerung von natürlichen steuerpflichtigen Personen (ob gebietsansässig oder Grenzgänger, Steuerpflichtige sind bestimmten steuerlichen Vorschriften unterworfen, die Verwaltungsvorgänge bei verschiedenen Behörden nach sich ziehen) ist nicht Gegenstand dieses Buches.

Die folgenden Zusammenfassungen und Aspekte der steuerlichen Grundlagen sind aus dem Luxemburger Guide unter www.guichet.lu einsehbar. Für weitere Anhaltspunkte und erste Ratschläge sei auf www.guichet.lu verwiesen (siehe daneben auch im Wesentlichen Höhn und Höring 2010, § 6 C).

Luxemburg führte 1913 die Besteuerung von Einkommen und 1927 die Besteuerung von realisierten Gewinnen ein. Schon seit Mitte des 19. Jahrhunderts gibt es in Luxemburg Steuern auf registrierungspflichtige Vorgänge (zum Beispiel Registrierung von Gesellschaften etc.).

Basierend auf der Historie und der Übernahme der deutschen Steuerprinzipien – wenn auch in eigenen Gesetzen – wurde das immer noch nach dem Zweiten Weltkrieg bestehende und übergangsweise existierende Steuerrecht mit dem Gesetz vom 4. Dezember 1967 modernisiert, modifiziert und als LIR („Loi concernant l'impôt sur le revenu") erlassen. Das LIR hatte im Laufe der folgenden Jahren einige Änderungen erfahren, wie zum Beispiel 1978 wegen der Einführung von Steuergutschriften für ausländische Steuern, 1990 mit der Einführung und Abänderung von Steuerregeln auch für Holdinggesellschaften und 2001 mit weiteren signifikanten Änderungen und Reorganisationen.

Trotz der historisch bedingten gemeinsamen Basis von deutschem und luxemburgischem Steuerrecht und Prinzipien, die sich immer noch im luxemburgischen Steuerrecht wiederfinden, wie zum Beispiel das Maßgeblichkeitsprinzip von handelsrechtlicher Buchführung für die steuerrechtliche kann die deutsche Rechtsprechung generell nicht direkt auf das luxemburgische Steuerrecht angewendet werden, wenn auch in sehr häufigen Fällen diese für die Beurteilung von Fällen in Luxemburg herangezogen wird. In sehr vielen Fällen ist dies auch redundant geworden, auch aus dem einfachen Grund heraus, dass einige Steuern/Steuervorschriften nicht mehr in beiden Ländern vorhanden sind oder nicht mehr parallel laufen.

5.2 Unternehmensbesteuerung

Wie funktioniert die Unternehmensbesteuerung in Luxemburg? Welche Steuern und Abgaben muss ich bei einer Unternehmensgründung bezahlen? Unterliegen meine Gewinne der Gesellschaftsbesteuerung? Wie wendet man die Mehrwertsteuer in Luxemburg an? Welche steuerlichen Auswirkungen haben eine Unternehmensübertragung oder eine Beendigung der Tätigkeit? Alle diese Fragen werden im Folgenden basierend auf den Zusammenfassungen und Guidelines unter www.guichet.lu nochmals kurz zusammengefasst. Dabei wird sich im Wesentlichen auf einen Überblick bei Gründung von Gesellschaften konzentriert. Nur kurz angerissen wird die laufende Besteuerung.

5.2.1 Einleitung und Grundsätzliches

Unternehmen müssen ihren steuerlichen Verpflichtungen nachkommen, wobei es unerheblich ist, ob es sich nun um direkte oder indirekte Besteuerung, um eine Steuer oder eine Abgabe handelt.

In Luxemburg sind drei Behörden für die Umsetzung der Steuergesetze zuständig:

- die Einregistrierungs- und Domänenverwaltung (Administration de l'Enregistrement et des Domaines – AED);
- die Steuerverwaltung (Administration des contributions directes – ACD);
- unter Umständen die Zoll- und Verbrauchsteuerverwaltung (Administration des douanes et accises).

5.2 Unternehmensbesteuerung

Gemäß dem Annualitätsprinzip („Principe de l'annualité de l'impôt") werden die Steuersätze jährlich festgelegt (siehe Art. 100 der luxemburgischen Verfassung). Die alleinige Gesetzgebungskompetenz steht dem Parlament zu, Art. 99 der luxemburgischen Verfassung.

Auch das luxemburgische Steuerrecht ist sekundär nach dem internationalen Steuerrecht. Insbesondere gehen DBA vor den nationalen Vorschriften, selbst in den Fällen, in denen die nationale Regel nach dem DBA/internationalen Regeln erlassen wurde; dieser Ansatz führt nicht immer zu den besten Resultaten für den Steuerzahler und/oder staatliche Angelegenheiten und reflektiert nicht immer die jeweilige Aktualität.

Jedes in Luxemburg ansässige Unternehmen, unterliegt unabhängig von seiner Rechtsform der luxemburgischen Besteuerung und den entsprechenden allgemeinen Grundsätzen.

Bestimmte Steuerarten gelten für alle Rechtsformen:

- die kommunale Gewerbesteuer;
- die Vermögensteuer;
- die Grundsteuer;
- bestimmte Steuern (insbesondere auf Fahrzeuge);
- die indirekten Steuern: Mehrwertsteuer, Zölle und Verbrauchsteuern.

Andere Steuerarten gelten je nach Rechtsform:

- Einzelunternehmen oder Personengesellschaften unterliegen der Einkommensteuer;
- Kapitalgesellschaften unterliegen der Körperschaftsteuer.

Im Vorfeld zu erledigende Schritte:

Das Unternehmen muss bei den zuständigen Steuerbehörden angemeldet sein:

- der Einregistrierungs- und Domänenverwaltung und
- der Steuerverwaltung.

5.2.2 Einteilung der Steuern

Die Steuer ist eine obligatorisch in Form von Geld zu entrichtende Abgabe auf Einkünfte, Mittel oder Güter natürlicher oder juristischer Personen. Sie dient der Finanzierung der Ausgaben der öffentlichen Hand.

Es gibt mehrere Steuerarten und -klassen, deren Sätze je nach Rechtsform des Unternehmens unterschiedlich sein können. In Luxemburg gibt es die folgenden Arten von Steuern und Abgaben:

- die Einkommensteuer für natürliche Personen für natürliche Personen, Einzelunternehmen und Personengesellschaften;
- die Körperschaftsteuer für Kapitalgesellschaften, Genossenschaften, Versicherungsgesellschaften auf Gegenseitigkeit, gemeinnützige Einrichtungen und andere Stiftungen, Vereinigungen ohne Gewinnzweck, privatrechtliche Zusammenschlüsse, Zweckvermögen und Vermögen, das keiner Person zugeordnet ist, usw.;
- die Gewerbesteuer für alle Gewerbebetriebe, je nach der Gemeinde, in der sie niedergelassen sind;
- die Grundsteuer ist an Grundeigentum gekoppelt und jeweils vom Landwirt, Gewerbetreibenden oder vom Gewerbebetrieb für ein im Rahmen der landwirtschaftlichen oder gewerblichen Tätigkeit genutztes Gebäude zu entrichten;
- die Vermögensteuer für einkommensteuerpflichtige Unternehmen;
- die Eintragungsgebühr in Bezug auf: die Gründungsurkunde der Gesellschaft;
- die Änderung der Satzung;
- die Verlegung des satzungsgemäßen Sitzes oder der Hauptverwaltung;
- die Einlagen;
- die Mehrwertsteuer (MwSt.), die auf den Umsatz erhoben wird und den Endverbrauch betrifft;
- die Stempelgebühr, die bei der Beantragung einer Gewerbegenehmigung erforderlich ist;
- die Verbrauchsteuer, die auf Verbrauchsgüter wie Kraftstoffe und Alkohol erhoben wird.

Die Steuererklärungen für Gesellschaften sind bis zum 31. Mai des auf den Veranlagungszeitraum folgenden Jahres der Steuerbehörde zu übermitteln. Da dies oftmals für die Gesellschaften nicht praktikabel ist, kann eine Verlängerung beantragt werden, die bis maximal an das Ende des Kalenderjahres geht.

Grundsätzlich ist das Steuerverfahren in drei Etappen gegliedert:

- Ermittlung der Besteuerungsgrundlagen im Rahmen der Steuerveranlagung
- Berechnung der zu zahlenden Steuersumme
- Einziehung der Steuern

Bevor die Steuerverwaltung ihren Bescheid erlässt und es vonseiten derer zu substanziellen entgegenstehenden Auffassungen kommt, besteht nach § 205 Abs. 3

Lux. AO die Möglichkeit, dass die Steuerpflichtigen sich innerhalb der von der Finanzverwaltung gesetzten Frist äußern können. Nach dieser Deadline und nach Erlass des Bescheides kann man in einem formalen Verfahren gegen die Entscheidung vorgehen.

Basierend auf entsprechenden Vorgaben des europäischen Rechts wurde ab 1996 ein neues formales Verfahren gegen Entscheidungen (Bescheide) der Finanzverwaltung bzw. ein finanzgerichtliches Verfahren eingeführt:

Beschwerde
Zunächst hat der Beschwerende sich innerhalb von drei Monaten nach Erlass des Bescheides mittels einer Beschwerde an den Vorsteher des Finanzamtes („Directeur des Contributions") zu wenden; die Beschwerde muss sich auf die direkten Steuern beziehen.

Wird die Beschwerde vom Vorsteher verworfen, hat der Steuerpflichtige drei Monate Zeit, sich mit seinem Vorbringen an das Finanzgericht zu wenden. Auch in den Fällen, in denen der „Directeur des Contributions" innerhalb von sechs Monaten auf die Beschwerde des Steuerpflichtigen nicht reagiert, kann letzterer sich an das Finanzgericht richten.

Finanzgerichtliches Verfahren
Die Regeln des finanzgerichtlichen Verfahrens beruhen auf dem Gesetz vom 21. Juni 1999. Vor dem Finanzgericht kann sich der Steuerpflichtige entweder selbst vertreten oder durch einen „Expert comptable" oder einem „Réviseur d'entreprises" (Wirtschaftsprüfer) vertreten lassen, wohingegen er sich in der nächst höheren Instanz von einem Rechtsanwalt vertreten lassen muss.

Der Steuerpflichtige kann sich innerhalb von 40 Tagen nach dem Urteil des Finanzgerichtes an das nächst höhere Gericht wenden.

Die Rechtsmittelinstanzen sind:

- Erste Instanz, Finanzgericht („Tribunal administratif et fiscal")
- Zweite Instanz, Finanzhof („Cour administrative et fiscale")

5.2.3 Rechtsform – steuerliche Auswirkungen

Die Wahl der Rechtsform eines Unternehmens hat nicht nur Auswirkungen auf die Haftung des Unternehmers, den laufenden Geschäftsbetrieb und die Aufteilung der Befugnisse innerhalb des Unternehmens, sondern auch auf die Besteuerung der getätigten Investitionen, die erwirtschafteten und anschließend ausgeschütteten Einkünfte oder die etwaigen Verluste in der Anlaufphase des Unternehmens.

Das Unternehmen wird je nach seiner Rechtsform unterschiedlich besteuert:

- als Einzelunternehmen;
- als sogenannte Personengesellschaft nach dem „Transparenzprinzip" haftend oder
- als Kapitalgesellschaft nach dem „Trennungsprinzip" haftend.

Wer ein Unternehmen gründen möchte, muss die steuerlichen Merkmale im Zusammenhang mit den verschiedenen Rechtsformen berücksichtigen, damit er die für seine Bedürfnisse am besten geeignete Unternehmensform wählen kann:

- Einzelunternehmen
  - Der Einzelunternehmer übt in eigenem Namen eine Geschäftstätigkeit aus.
  - Er trifft Entscheidungen allein und ist daher allein für die Finanzierung seines Unternehmens haftbar.
  - Er übernimmt die Gesamthaftung gegenüber Dritten (Schulden des Unternehmens) und haftet mit seinem persönlichen Vermögen.
  - Die Einkünfte des Unternehmens stehen einer einzigen Person zu: dem Unternehmer.
- Personengesellschaft (nach dem „Transparenzprinzip" haftend)
  - Die Gesellschaft, die nach dem „Transparenzprinzip" haftet, ist selbst nicht steuerpflichtig. Die Einkünfte des Unternehmens werden direkt bei den Gesellschaftern besteuert.
  - Ein Quellensteuerabzug ist nicht anwendbar.
  - Diese Bedingungen gelten für:
    offene Handelsgesellschaften (sociétés en nom collectif – s.e.n.c.);
    einfache Kommanditgesellschaften (sociétés en commandite simple – s.c.s.);
    Gesellschaften bürgerlichen Rechts;
    De-facto-Gesellschaften.
- Kapitalgesellschaft (mit Haftung nach dem „Trennungsprinzip")
  - Die Einkünfte der Kapitalgesellschaft werden bei der Gesellschaft besteuert: Die Aktionäre sind nur bei der Ausschüttung des Gewinns steuerpflichtig.
  - Man spricht hierbei von einer Dividendenausschüttung mit Anwendung des Quellensteuerabzugs mit einem Satz von 15 %, günstigerer Steuersatz ausgenommen (Abkommen, Richtlinie zu Mutter- und Tochtergesellschaften usw.)

5.2 Unternehmensbesteuerung

– Diese Bedingungen gelten für:
Aktiengesellschaften (sociétés anonymes – s.a.)
Gesellschaften mit beschränkter Haftung (sociétés à responsabilité limitée – s.à r.l.)
Europäische Gesellschaften (Societas Europaea – S.E.)
Kommanditgesellschaften auf Aktien (sociétés en commandite par actions – s.c.a.)

5.2.4 Steuerpersönlichkeit

5.2.4.1 Einzelunternehmen

Das Einzelunternehmen hat keine eigene Steuerpersönlichkeit.

Hinsichtlich der Steuergesetzgebung verfügt es nicht über die Eigenschaft eines Steuerpflichtigen. Hier besitzt der Unternehmer diese Eigenschaft: Er reicht seine eigene Steuererklärung ein und entrichtet die Einkommensteuer auf seine Geschäftstätigkeit.

5.2.4.2 Personengesellschaft (nach dem „Transparenzprinzip" haftend)

Die Personengesellschaft hat keine eigene Steuerpersönlichkeit.

Es sind hierbei allerdings eine Erklärung zur Einkommensteuer in Bezug auf die Einkünfte aus dem Geschäftsbetrieb und eine Erklärung für die kommunale Gewerbesteuer einzureichen.

5.2.4.3 Kapitalgesellschaft (nach dem „Trennungsprinzip" haftend)

Die Kapitalgesellschaft verfügt über eine eigenständige Steuerpersönlichkeit und unterscheidet sich in dieser Hinsicht von ihren Aktionären und deren steuerlichen Verpflichtungen.

Sie ist vollständig steuerpflichtig, wobei eine Erklärung für die Körperschafts- und die kommunale Gewerbesteuer einzureichen ist.

5.2.5 Einkommensteuer/Körperschaftsteuer

5.2.5.1 Einzelunternehmen/Personengesellschaft (nach dem „Transparenzprinzip" haftend)

Die Gewinne des Unternehmens, das nach dem „Transparenzprinzip" haftet, werden nur auf Ebene des Unternehmers/der Gesellschafter besteuert.

Sie werden zu den übrigen steuerpflichtigen Einkünften des Unternehmers/ jedes Gesellschafters (entsprechend ihrem jeweiligen Anteil) hinzugerechnet, wobei jeder der Einkommensteuer in Bezug auf seine Gesamteinkünfte unterliegt.

Der Unternehmer kann insbesondere Folgendes nicht von der Einkommensteuer absetzen:

- seine Vergütung;
- die Vergütung des hilfeleistenden Ehepartners;
- die Zinsen des investierten Kapitals.

5.2.5.2 Kapitalgesellschaft (nach dem „Trennungsprinzip" haftend)

Die Gewinne der Gesellschaft, die nach dem „Trennungsprinzip" haftet, werden theoretisch doppelt besteuert:

- zunächst bei der Gesellschaft, die der Körperschaftsteuer unterliegt;
- dann bei den Gesellschaftern/Aktionären im Rahmen der Ausschüttung der Dividenden.

Allerdings wird durch Steuerbefreiungen diese wirtschaftliche Doppelbesteuerung beseitigt:

- Ist der Aktionär eine Privatperson, ist die ausgeschüttete Bruttodividende zu 50 % von der Steuer befreit.
- Ist der Aktionär eine Gesellschaft und liegen die Voraussetzungen für die Inanspruchnahme des Schachtelprivilegs vor, ist die Bruttodividende gänzlich steuerbefreit.

Insbesondere kann die Gesellschaft Folgendes von der Körperschaftsteuer absetzen:

- die Vergütung des geschäftsführenden Gesellschafters;
- die Vergütung des Ehepartners des geschäftsführenden Gesellschafters;
- die Zinsen des von den Gesellschaftern selbst investierten Kapitals.

5.2.6 Kommunale Gewerbesteuer

5.2.6.1 Einzelunternehmen
Die kommunale Gewerbesteuer wird vom Unternehmer entrichtet.

5.2.6.2 Personen- oder Kapitalgesellschaft
Die kommunale Gewerbesteuer wird von der Gesellschaft getragen.

5.2.7 Vermögensteuer

5.2.7.1 Einzelunternehmen
Die Vermögensteuer ist nicht anwendbar auf Einzelunternehmer, da sie natürliche Personen sind.

5.2.7.2 Gesellschaft, die nach dem „Transparenzprinzip" haftet/Personengesellschaft
Die Vermögensteuer findet keine Anwendung auf Gesellschafter, die natürliche Personen sind.

Handelt es sich jedoch beim Aktionär um eine nach dem „Trennungsprinzip" haftende Gesellschaft, unterliegt diese in Höhe ihrer Beteiligung der Vermögensteuer.

5.2.7.3 Kapitalgesellschaft (nach dem „Trennungsprinzip" haftend)
Die Vermögensteuer wird von der Gesellschaft getragen.

5.2.8 Einlagen

5.2.8.1 Einzelunternehmen
Bilden das Einzelunternehmen und dessen Eigentümer nur eine einzige Rechtspersönlichkeit, kann man nicht von einer Einlage im eigentlichen Sinne sprechen.

Es handelt sich hierbei um eine Umwidmung des Vermögens, genauer gesagt um einen Übergang von Privatvermögen in Betriebsvermögen.

5.2.8.2 Personen- oder Kapitalgesellschaft

Die Personen- oder Kapitalgesellschaft verfügt über eine eigenständige Rechtspersönlichkeit, die sich von der Rechtspersönlichkeit der Person unterscheidet, die die Einlage oder Entnahme eines Vermögenswerts veranlasst.

Daher kann eine Einlage definiert werden als Übertragung eines Vermögenswertes an das Unternehmen im Tausch gegen Gesellschaftsanteile an der Gesellschaft (oder unter Umständen um eine verdeckte Einlage).

5.2.9 Entnahmen/Ausschüttung

5.2.9.1 Einzelunternehmen/Personengesellschaft (mit Durchgriffshaftung)

Wenn der Unternehmer Vermögenswerte für sich selbst oder zu anderen Zwecken (unternehmensfremden Zwecken) aus seinem Unternehmen entnimmt, spricht man von einer privaten Entnahme.

5.2.9.2 Kapitalgesellschaft (nach dem „Trennungsprinzip" haftend)

Die Entnahme wird als Ausschüttung betrachtet und steuerlich wie eine Dividendenausschüttung (oder unter Umständen eine verdeckte Gewinnausschüttung) behandelt.

5.2.10 Verluste

5.2.10.1 Einzelunternehmen/Personengesellschaft (nach dem „Transparenzprinzip" haftend)

Die Verluste beziehen sich direkt auf den Unternehmer/die Gesellschafter und können mit deren Einkünften verrechnet werden. Etwaige Verluste in der Anlaufphase wirken sich daher mindernd auf die gesamten steuerpflichtigen Einkünfte des Unternehmers aus.

Reichen die Einkünfte zum Ausgleich dieser Verluste nicht aus, werden diese als unbegrenzter Verlustvortrag für die Gesamteinkünfte der Folgejahre behandelt.

5.2.10.2 Kapitalgesellschaft (nach dem „Trennungsprinzip" haftend)

Die Verluste beziehen sich nicht auf die Gesellschafter und können daher nicht mit ihren übrigen Einkünften verrechnet werden. Etwaige Verluste in der Anlaufphase

5.2 Unternehmensbesteuerung

haben daher keinerlei Auswirkungen auf die steuerpflichtigen Einkünfte der Gesellschafter in ihrer Eigenschaft als natürliche Personen. Indessen zahlt die Gesellschaft keine Steuern und die Verluste können als unbegrenzter Verlustvortrag für die folgenden Geschäftsjahre behandelt werden.

5.2.11 Reinvestition der Gewinne

5.2.11.1 Einzelunternehmen/Personengesellschaft (nach dem „Transparenzprinzip" haftend)

Die Versteuerung reinvestierter Gewinne wiegt für Einzelunternehmen und Personengesellschaften schwerer als für nach dem „Trennungsprinzip" haftende Gesellschaften.

Der (Einzel-)Unternehmer/jeder Gesellschafter (der Personengesellschaft) muss vor der Reinvestition die Einkommensteuer natürlicher Personen auf Einkünfte aus Gewerbebetrieb entrichten, wobei die Einkommensteuer höher ausfällt als die Körperschaftsteuer.

5.2.11.2 Kapitalgesellschaft (nach dem „Trennungsprinzip" haftend)

Die Versteuerung reinvestierter Gewinne wiegt für nach dem „Trennungsprinzip" haftende Gesellschaften weniger schwer als für Einzelunternehmen/Personengesellschaften.

Die Gesellschaft muss lediglich die Körperschaftsteuer (geringer als die Einkommensteuer) auf Einkünfte aus Gewerbebetrieb entrichten.

Die Gewinne werden anschließend, statt ausgeschüttet zu werden, reinvestiert und unterliegen daher nicht der Einkommensteuer natürlicher Personen, die grundsätzlich auf ausgeschüttete Dividenden erhoben wird.

5.2.12 Eintragungsgebühr

Bei der Eintragungsgebühr handelt es sich um eine indirekte Steuer, die zum Zeitpunkt der Gründung einer Gesellschaft und unter bestimmten Umständen im Laufe ihres Bestehens erhoben wird.

Sie kann, je nach Art der Urkunden, auf die sie sich bezieht, als fester oder anteiliger Betrag fällig werden.

Gesellschaften müssen bei den folgenden Transaktionen die Eintragungsgebühr abführen:

- Errichtung und Änderung der Gründungsurkunde der Gesellschaft;
- Kauf einer gewerblich genutzten Räumlichkeit für die Gesellschaft;
- Miete einer gewerblich genutzten Räumlichkeit.

Es wird bei folgenden Transaktionen eine spezifische feste Eintragungsgebühr erhoben:

- Errichtung einer Gesellschaft bürgerlichen Rechts oder einer Handelsgesellschaft, die ihren eingetragenen Sitz oder ihre Hauptverwaltung in Luxemburg hat;
- Änderung der Satzung einer Gesellschaft bürgerlichen Rechts oder einer Handelsgesellschaft, die ihren eingetragenen Sitz oder ihre Hauptverwaltung in Luxemburg hat;
- Verlegung des eingetragenen Sitzes oder der Hauptverwaltung einer Gesellschaft bürgerlichen Rechts oder einer Handelsgesellschaft nach Luxemburg.

Die Höhe der spezifischen festen Eintragungsgebühr beläuft sich auf 75 EUR und muss an die Einregistrierungs- und Domänenverwaltung (Administration de l'Enregistrement et des Domaines – AED) entrichtet werden.

Die spezifische feste Eintragungsgebühr wird mit der Vorlage der notariellen Urkunde bei der Eintragung fällig, die innerhalb der folgenden gesetzlich festgelegten Fristen zu erfolgen hat:

- zehn Tage bei Urkunden von Notaren, die in der Gemeinde ansässig sind, in der sich die Eintragungsstelle befindet;
- 15 Tage bei Urkunden sonstiger inländischer Notare;
- drei Monate bei Urkunden ausländischer Notare.

5.2.13 Finanzierung aus Eigenmitteln – Besteuerung der Einlagen

Bei der Gründung einer Handelsgesellschaft oder einer Kapitalerhöhung bringen die Aktionäre oder Gesellschafter Geldmittel oder Güter in die Gesellschaft ein und erhalten im Gegenzug Gesellschaftsrechte (Gesellschaftsanteile, Aktien, Schuldverschreibungen usw.).

Diese Einlagen fließen ebenso wie die wieder angelegten Gewinne in das Gesellschaftskapital ein und bilden so deren Eigenmittel.

Wenn sie Bestandteil des Gesellschaftsvermögens werden, müssen diese Geldmittel oder Güter daher:

5.2 Unternehmensbesteuerung

- im Falle von Sacheinlagen bewertet werden (alle körperlichen und nicht körperlichen Gegenstände außer Geld);
- eventuell der Eintragungsgebühr unterworfen werden;
- in bestimmten Fällen der Mehrwertsteuer unterworfen werden.

Bei einer Handelsgesellschaft bringen die Gesellschafter/Aktionäre Geldmittel oder Güter in die Gesellschaft ein und erhalten dafür Gesellschaftsanteile/Aktien.

Da die Gesellschaft über eine andere Rechtspersönlichkeit als der Einleger verfügt, wechseln die betreffenden Güter oder Geldmittel den Besitzer. Diese Einlagen gehen so in das Eigentum der Gesellschaft über, die daher für etwaige Kosten für die Eintragung oder die Mehrwertsteuer aufkommen muss.

Ferner kann die Gesellschaft die Kosten für die Ausgabe der Beteiligungspapiere (Registrierung, Hinterlegung im Handelsregister usw.) von ihren steuerpflichtigen Einkünften als Betriebskosten absetzen.

Bei einem Einzelunternehmen führt der Unternehmer Geldmittel oder Güter aus seinem Privatvermögen in sein Betriebsvermögen über.

Aufgrund der unklaren Trennungslinie zwischen Unternehmen und Unternehmer wechseln diese Geldmittel oder Güter nicht den Besitzer, sondern werden nur zu andern Zwecken verwendet. Diese Fälle der Umwidmung gelten nicht als Einlagen und haben daher auch keine steuerlichen Folgen für den Unternehmer/das Unternehmen.

5.2.14 Finanzierung durch Fremdkapital – Absetzbarkeit von Zinsen

Wenn ein Unternehmen Finanzierungsbedarf feststellt, kann es auf einen Kredit zurückgreifen, um sich die nötigen Mittel zu beschaffen. Die Kreditgeber können seine Gesellschafter/Aktionäre oder Dritte sein.

Wenn das Unternehmen das geliehene Kapital zurückzahlt, zahlt es ebenfalls Zinsen, die unter bestimmten Bedingungen von seiner steuerlichen Bemessungsgrundlage absetzbar sind.

Um festzustellen, ob diese Zinsen absetzbar sind, ist Folgendes zu beachten:

- einerseits die Eigenschaft des Kreditgebers: Aktionäre und Geschäftsführung oder
- Dritte (zum Beispiel: eine Bank);

- andererseits die Rechtsform der den Kredit aufnehmenden Gesellschaft: Einzelunternehmen und Personengesellschaften, sogenannte „transparente" Gesellschaften oder
- eigenständig nach dem Trennungsprinzip haftende Kapitalgesellschaften.

In keinem Fall ist die Rückzahlung des Kapitals an sich absetzbar.

Alle Unternehmen, ob Einzelunternehmen, Personengesellschaft oder Kapitalgesellschaft, können auf die Finanzierung durch Fremdmittel (oder Aufnahme von Schulden) zurückgreifen.

Das Unternehmen kann grundsätzlich alle an Dritte geleisteten Zinszahlungen absetzen.

Dagegen kann das Unternehmen an Gesellschafter geleistete Zinszahlungen nur absetzen, wenn sie von der Gesellschaft getrennt sind (im Falle von Kapitalgesellschaften) und bestimmte Obergrenzen nicht überschritten werden.

5.2.15 Leasingfinanzierung – steuerliche Auswirkungen

Das Leasing oder auch der „Mietkauf" ist ein mittel- oder langfristiges Kreditvergabeverfahren, durch das ein Leasingunternehmen (Leasinggeber oder Vermieter) auf Verlangen des Kunden (Leasingnehmer oder Mieter) Eigentum an beweglichen oder unbeweglichen Gütern für gewerbliche Zwecke erwirbt, um diese dem Kunden gegen Vergütung oder Miete für einen befristeten Zeitraum zur Miete zu überlassen.

Nach Ablauf dieses Zeitraums kann der Mieter im Allgemeinen Gebrauch von einer Option machen. Er kann:

- das Gut der Leasing-Gesellschaft zurückgeben;
- eine Vertragsverlängerung beantragen;
- das Gut zu einem Preis erwerben, der zumindest teilweise die bereits als Miete geleisteten Beträge berücksichtigt.

Es gibt verschiedene Formen des Leasings, je nach Art der Güter, die das Unternehmen anschaffen will, dem Haftungsrisiko, das es eingehen will, und den Finanzierungsmöglichkeiten, über die es verfügt. Alle diese Leasing-Formen weisen unterschiedliche steuerliche Eigenschaften auf.

Jedes Unternehmen kann das Leasing in Anspruch nehmen. Es ergänzt oder ersetzt die klassische Finanzierung von Unternehmen durch Eigenmittel oder Darlehen und stellt eine Alternative zum Erwerb von Sachwerten dar.

5.3 Einkommensteuer für natürliche Personen

Einzelunternehmen und Personengesellschaften unterliegen nicht direkt der Einkommensteuer.
In diesem Zusammenhang sind steuerpflichtig:

- der Betreiber im Rahmen eines Einzelunternehmens;
- die Gesellschafter im Rahmen einer Personengesellschaft.

Die fällige Steuerschuld (Einkommensteuer für natürliche Personen oder Körperschaftsteuer) hängt von der Eigenschaft des betreffenden Gesellschafters ab.

5.4 Körperschaftsteuer

Die Körperschaftsteuer (Impôt sur le revenu des collectivités – IRC) ist eine spezifische proportionale Steuer, die auf die im Geschäftsjahresverlauf erzielten Gewinne bestimmter Unternehmen (darunter Kapitalgesellschaften) erhoben wird.
Kapitalgesellschaften unterliegen steuerrechtlich dem Trennungsprinzip, das heißt, sie sind als Körperschaft selbst Steuersubjekt und einer Steuer auf Gesellschaften unterworfen, der sogenannten Körperschaftsteuer.

5.5 Dividendenausschüttung

Die Gewinne, die eine Gesellschaft erwirtschaftet, bleiben zu ihrer Verfügung, bis sie sie ausschüttet. Diese Gewinne unterliegen auf Unternehmensebene der Körperschaftsteuer (KSt).
Die Gesellschaft kann diese Gewinne anschließend in Form von Dividenden an ihre Gesellschafter/Aktionäre im Verhältnis zu den von ihnen an der Gesellschaft gehaltenen Rechten ausschütten. Bei ihrer Ausschüttung werden die Dividenden zulasten der Begünstigten erneut steuerpflichtig.
Um die Finanzierungsmöglichkeiten der Unternehmen nicht einzuschränken, ermöglichen jedoch bestimmte Maßnahmen die Abschwächung oder sogar Beseitigung dieser wirtschaftlichen Doppelbesteuerung.
Die Ausgleichsmaßnahmen hängen insbesondere ab:

- vom Staat der Niederlassung der ausschüttenden Gesellschaft;
- vom Staat des Wohnsitzes sowie von der Eigenschaft des Begünstigten;
- von der Höhe der Beteiligung, wenn die Dividenden von einer Tochtergesellschaft deren Muttergesellschaft zufließen.

5.6 OECD CRS CbCR

5.6.1 Länderbezogener Bericht – Unterrichtungen

Der länderbezogene Bericht (Country-by-Country Reporting) ist Teil der Projekte im Rahmen des automatischen und internationalen Informationsaustauschs in Steuersachen.

Vor dem länderbezogenen Bericht ist eine vorherige Unterrichtung der Steuerverwaltung (Administration des contributions directes – ACD) vorzunehmen, um die Rechtsträger zu melden, die die länderbezogene Meldung für Rechnung des multinationalen Konzerns einreichen müssen.

Jeder im Großherzogtum Luxemburg zu Steuerzwecken niedergelassener Rechtsträger, der Teil eines multinationalen Konzerns ist, muss die Steuerverwaltung (ACD) unterrichten.

Die Konzernunternehmen müssen keine Unterrichtung vornehmen, wenn der multinationale Konzern in Bezug auf ein Wirt-schaftsjahr dieses Konzerns in dem Wirtschaftsjahr, das dem Berichtswirtschaftsjahr unmittelbar vorangig, laut seinem Konzernabschluss für dieses vorangegangene Wirtschaftsjahr einen konsolidierten Gesamtumsatzerlös von weniger als 750 Mio. EUR oder dem Betrag in der Landeswährung, der im Januar 2015 ungefähr 750 Mio. EUR entsprach, erwirtschaftet hat.

Die Unterrichtungen sind spätestens am letzten Tag des Berichtswirtschaftsjahrs des multinationalen Konzerns zu übermitteln.

Die Frist für den Austausch der Unterrichtungen für das Wirtschaftsjahr 2016 ist ausnahmsweise bis zum 31. März 2017 verlängert worden.

Das erste Berichtswirtschaftsjahr des multinationalen Konzerns ist das Jahr, das am 1. Januar 2016 oder nach diesem Datum beginnt.

5.6.2 Übermittlung der Unterrichtung

Die Unterrichtungen werden der Steuerverwaltung über den Online-Assistenten übermittelt.

Über die Unterrichtung werden der Steuerverwaltung alle erforderlichen Informationen übermittelt, die sie benötigt, um den berichtenden Rechtsträger zu identifizieren und die Einreichung des länderbezogenen Berichts zu kontrollieren. Diese Informationen beinhalten insbesondere:

- Angaben zur Rolle des Konzernunternehmens, das die Unterrichtung vornimmt;
- Einzelheiten zur Identität und zum steuerlichen Sitz des berichtenden Rechtsträgers, der für die Einreichung des länderbezogenen Berichts zuständig sein wird.

5.7 Mehrwertsteuer

Die Mehrwertsteuer (MwSt.) wurde 1970 eingeführt und ist in ihrer Höhe eine bedeutende Einnahmequelle. Erhoben wird sie auf Warenlieferungen und Dienstleistungen, die ein Unternehmer im Rahmen seiner geschäftlichen Tätigkeit ausführt. Nahezu die Hälfte der Steuereinnahmen des Staats entfallen auf die Mehrwertsteuer.

Auf jeder Stufe der Wertschöpfung (Produktion und Handel) wird nur der entstandene Mehrwert besteuert. Die Unternehmen erheben Mehrwertsteuer auf den Verkaufspreis ihrer Produkte und ziehen von dieser „vereinnahmten" Steuer die Steuer für Waren oder Dienstleistungen ab, die in die Herstellung ihrer Produkte oder die Bereitstellung ihrer Leistungen eingeflossen sind. Nur die Differenz zwischen der „vereinnahmten" Steuer und der abzugsfähigen Steuer (Vorsteuer) wird an die Staatskasse abgeführt.

Die Mehrwertsteuer ist eine Gemeinschaftsteuer, weil verschiedene europäische Steuerrichtlinien eingeführt wurden, um die Mehrwertsteuergesetze der Mitgliedstaaten anzugleichen. Ziel dieser Angleichung ist die Erleichterung des freien Waren- und Dienstleistungsverkehrs zwischen den Mitgliedstaaten und die Festlegung einer einheitlichen Bemessungsgrundlage für die Finanzierung des Gemeinschaftshaushalts.

5.7.1 Mehrwertsteuerpflichtige Geschäftsvorgänge

Die Mehrwertsteuer ist eine allgemeine Verbrauchsteuer. Sie wird auf alle geschäftlichen Tätigkeiten erhoben. Geschäftsvorgänge können der Mehrwertsteuer unterliegen, weil sie entgeltlich stattgefunden haben oder das Gesetz dies so vorsieht.

Der Geschäftsvorgang muss mit einer geschäftlichen Tätigkeit in Zusammenhang stehen: Gewerbe, Handwerk, Industrie, Landwirtschaft oder freier Beruf. Für einige Bereiche, wie zum Beispiel die Landwirtschaft, gelten Sonderregelungen. Tätigkeiten, die nicht geschäftlicher Natur sind, fallen nicht in den Anwendungsbereich der Mehrwertsteuer. Tätigkeiten der öffentlichen Verwaltung, die nicht zu denjenigen des Wettbewerbssektors in Konkurrenz stehen, unterliegen nicht der Mehrwertsteuer. Dies gilt insbesondere für Geschäftsvorgänge, die im Rahmen der privaten Vermögensverwaltung natürlicher Personen stattfinden.

5.7.2 Steuerbefreite Geschäftsvorgänge

Bestimmte Geschäftsvorgänge, die in den Anwendungsbereich der Mehrwertsteuer fallen, sind von der Steuer befreit, entweder aus sozialen Gründen (Gesundheit) oder aus wirtschaftlichen Gründen (Ausfuhren). Es gibt sehr viele Geschäftsvorgänge, die steuerbefreit sind.

Beispiel

Versicherungsgeschäfte, philosophische, religiöse, politische Einrichtungen, Krankenwagentransporte, Krankenhäuser, Vereinigungen ohne Gewinnzweck (bei einigen ihrer Tätigkeiten).

Grundsätzlich geht mit der Befreiung der Verlust des Abzugsrechts einher. Abweichend von dieser Regelung ist die Mehrwertsteuer auf ausgeführte Waren und Dienstleistungen abzugsfähig.

Die Mehrwertsteuer wird auf Geschäftsvorgänge erhoben, die in Luxemburg stattfinden.

Seit Gründung des europäischen Binnenmarkts (1. Januar 1993) wird unterschieden zwischen Geschäften mit Ländern der Europäischen Gemeinschaft und solchen mit Drittländern.

Die Anwendung des Territorialitätsprinzips richtet sich nach der Art des Geschäftsvorgangs:

- Warenlieferung;
- Dienstleistung.

5.7.3 Zu versteuernder Betrag – Bemessungsgrundlage für die Mehrwertsteuer

Steuerbemessungsgrundlage ist der Wert der Gegenleistung für den ausgeführten Geschäftsvorgang, das heißt entweder der Betrag der Barzahlung oder der Wert der erhaltenen oder zu erhaltenden Sachen oder Leistungen.

Bei bestimmten Geschäftsvorgängen wird die Steuerbemessungsgrundlage jedoch unterschiedlich bewertet.

> **Beispiel**
> Abfindung/Arbeitslosengeld: Diese sind in der Steuerbemessungsgrundlage zu berücksichtigen, wenn es sich dabei nicht um Schadenersatz handelt.

Vertragliche Entschädigungen werden besteuert, Versicherungsleistungen nicht.

Fördermittel: Diese werden besteuert, wenn sie als Ausgleich für fehlende Einnahmen dienen oder eine Gegenleistung für ein Geschäft sind, das mit der zahlenden Partei geschlossen wurde.

Betriebszuschüsse werden besteuert, Investitionszuschüsse nicht.

Zwischenbetriebliche Hilfen: Sofern die Hilfe finanzieller Art ist (ausschließlich Liquiditätsvorteil), wird sie nicht besteuert; ist sie hingegen wirtschaftlicher Art (Zweck ist die Sicherung der Absatzmöglichkeiten), wird sie zum normalen Mehrwertsteuersatz besteuert.

Ausgleichende Zuschüsse.

Zinsen: Die mit einer geschäftlichen Verbindlichkeit verbundenen Finanzierungskosten fallen nicht in den Anwendungsbereich der Mehrwertsteuer, sofern es sich um Verzugszinsen handelt; handelt es sich um Zinsen, die von einem Lieferanten gefordert werden, der einem Zahlungsaufschub zugestimmt hat, fallen sie in den Anwendungsbereich und sind befreit (steuerbefreites Kreditgeschäft).

Nebenkosten: Alle mit einem zu versteuernden Geschäftsvorgang verbundenen Nebenkosten sind ebenfalls zu berücksichtigen: Provisionen, Beförderungskosten, Versicherung, Porto und Telekommunikationskosten.

Steuern: Die Steuerbemessungsgrundlage beinhaltet alle Steuern und Abgaben, mit Ausnahme der Mehrwertsteuer.

Auslagen: Diese entstehen im Namen und für Rechnung eines Auftraggebers. Sie werden als durchlaufender Posten verbucht (Bilanzkonto). Unter dieser Annahme werden sie nicht in der Steuerbemessungsgrundlage berücksichtigt.

Vorschuss, den ein Anwalt seinem Mandanten in Rechnung stellt.

Nachlässe: Die Bemessungsgrundlage für die Mehrwertsteuer kann um Nachlässe verringert werden, die Kunden gewährt wurden, sofern diese keine Gegenleistung für eine Dienstleistung darstellen. Außerhalb der Ursprungsrechnung gewährte Nachlässe können vom Umsatz des Lieferanten abgezogen werden, wobei dessen Kunde verpflichtet ist, die bei der Lieferung der Waren wiedererlangte Mehrwertsteuer abzuführen. Wird der Nachlass netto gewährt, muss der Kunde nichts abführen.

5.7.4 Steuertatbestand und Steueranspruch

Der Steuertatbestand ist das Ereignis, das die Steuerschuld auslöst. Der Steueranspruch ist das Ereignis, das dem Staat die Möglichkeit gibt, die Zahlung der Steuer zu fordern. Anhand des Datums des Steuertatbestands wird der anwendbare Mehrwertsteuersatz bestimmt. Der Steuertatbestand und der Steueranspruch fallen bei Lieferungen beweglicher körperlicher Gegenstände zusammen. Bei Dienstleistungen und Bauleistungen hingegen müssen Tatbestand und Anspruch nicht zwangsläufig zusammenfallen.

Beispiel
Lieferungen beweglicher körperlicher Gegenstände: Der Steuertatbestand und der Steueranspruch fallen zusammen: Zeitpunkt der Lieferung der Sache (vgl. Art. 1604 Code Civil), auch wenn:

- mit dem Verkauf eine Eigentumsvorbehaltsklausel verbunden ist,
- der Verkauf auf Termin oder in Raten zahlbar ist.

Die Leistung einer Anzahlung auf den Kauf einer Sache unterliegt der Mehrwertsteuer, auch wenn noch kein Eigentumsübergang stattgefunden hat.

Geben Lieferungen von Gegenständen, die nicht die Vermietung eines Gegenstands oder den Ratenverkauf eines Gegenstands betreffen, und Dienstleistungen zu aufeinander folgenden Abrechnungen oder Zahlungen Anlass, gelten sie jeweils als mit Ablauf des Zeitraums bewirkt, auf den sich diese Abrechnungen oder Zahlungen beziehen.

Dienstleistungen und Bauleistungen: Der Steuertatbestand tritt zum Zeitpunkt der Ausführung der Leistung (Datum der Fertigstellung der Leistung) ein. Die Steuer wird bei Vereinnahmung des Preises geschuldet (auf die geleistete Anzahlung

5.7 Mehrwertsteuer

und den Restbetrag). Die Fälligkeit der Mehrwertsteuer richtet sich nach folgenden Zeitpunkten:

- Datum der Übergabe bei Barzahlung;
- Datum der Banküberweisung;
- Datum des Erhalts des Schecks;
- Datum der direkten Zahlung durch den Kunden im Falle einer Diskontierung durch die Bank oder durch die Factoringgesellschaft,
- Geben Dienstleistungen zu aufeinander folgenden Abrechnungen oder Zahlungen Anlass, gelten sie jeweils als mit Ablauf des Zeitraums bewirkt, auf den sich diese Abrechnungen oder Zahlungen beziehen.

Dienstleistungen, bei denen die Steuer vom Leistungsempfänger geschuldet wird und die kontinuierlich über einen Zeitraum von über einem Jahr erbracht werden und nicht zu Abrechnungen oder Zahlungen in diesem Zeitraum führen, gelten als mit Ablauf jedes Kalenderjahres bewirkt, solange die Leistungserbringung nicht eingestellt wird.

Beispiel
Am häufigsten sind folgende Fälle anzutreffen:

- Lieferung von beweglichen körperlichen Gegenständen: Steuertatbestand und Steueranspruch fallen auf das Datum der Übergabe des Gegenstands.
- Dienstleistungen: Das Datum des Steuertatbestands ist nicht mit dem Datum des Steueranspruchs identisch (siehe oben).
- Steuerpflichtige Selbstbelieferungen: Das Datum des Steuertatbestands und das Datum des Steueranspruchs fallen auf den Zeitpunkt der erstmaligen Nutzung des Gegenstands.
- Innergemeinschaftlicher Erwerb: Der Steuertatbestand tritt am Datum der Übergabe des Gegenstands ein und der Steueranspruch entsteht am 15. des auf den Steuertatbestand folgenden Monats.

5.7.5 Anwendbare Steuersätze

In Luxemburg gelten unterschiedliche Mehrwertsteuersätze, die sich nach der jeweiligen Lieferung oder Dienstleistung richten:
Der normale Steuersatz von 17 % gilt für alle steuerbaren Geschäftsvorgänge, bei denen nicht der ermäßigte Steuersatz zur Anwendung kommt.

Der mittlere Steuersatz von 14 % gilt für Wein, Benzin, Diesel usw.

Der ermäßigte Steuersatz von acht Prozent gilt für verflüssigtes oder gasförmiges Gas für Heizung, Beleuchtung und Versorgung von Motoren, elektrische Energie, lebende Pflanzen und andere Waren des Blumenhandels. Für bestimmte Dienstleistungen gilt dieser Steuersatz während eines Übergangszeitraums: Haarschnitt, Reparatur von Fahrrädern, Schuhen und Lederwaren sowie Änderung von Bekleidung und Heimtextilien, Reinigung von Fenstern in privaten Wohnungen und Reinigung solcher Wohnungen.

Der stark ermäßigte Satz von drei Prozent gilt für Lebensmittel und alkoholfreie Getränke, ärztliche Heilbehandlungen, Bücher, Schuhe und Kleidung für Kinder, Wasser, Mietwohnungen usw.

Die Steuersätze werden auf den Nettopreis erhoben. Ausgehend vom Bruttopreis kann der Nettobetrag durch Multiplikation dieses Preises mit einem Koeffizienten ermittelt werden.

5.8 Tochtergesellschaft oder Zweigniederlassung – Steuerliche Auswirkungen

Ein Unternehmen, das seine Geschäftstätigkeit weiterentwickeln will, muss die Auswirkungen zweier Entscheidungen berücksichtigen, das heißt:

- die Struktur der Zweigstelle: Tochtergesellschaft oder Zweigniederlassung;
- den Ort der Zweigstelle dieser neuen Geschäftstätigkeit: in Luxemburg oder im Ausland.

Diese beiden Optionen haben Auswirkungen im Bereich der Besteuerung, der Gewinne aus diesen Zweigstellen, der Gesamteinkünfte der Muttergesellschaft sowie auf den Ort der Besteuerung.

Unternehmen, die ihre Geschäftstätigkeit geografisch ausdehnen wollen, können eine Tochtergesellschaft oder Zweigniederlassung gründen.

Der Staat der Ansiedlung ist frei wählbar:

- bei der Ansiedlung in Luxemburg ist die Gewerbesteuer (GewSt) (Impôt commercial communal – ICC) von Gemeinde zu Gemeinde unterschiedlich;
- bei der Ansiedlung im Ausland (jeder Niederlassungsstaat, Vertragsstaat oder jedes „Steuerparadies" ist rechtlich gesehen zulässig) ist das Land der Besteuerung von der Form der Ansiedlung abhängig.

5.8 Tochtergesellschaft oder Zweigniederlassung ...

Die gewählte Form der Zweigstelle steht ebenfalls frei (Vertretung, Koordinationsstelle, Zweigniederlassung, Tochtergesellschaft usw.):

- Die Zweigniederlassung ist eine Zweigstelle, die gegenüber dem Unternehmen oder der Gesellschaft, das bzw. die sie gründet, eine bestimmte Unabhängigkeit genießt, ohne eine eigene Rechtspersönlichkeit zu besitzen;
- Eine Tochtergesellschaft ist eine Gesellschaft lokaler Nationalität, die von der Muttergesellschaft rechtlich unabhängig ist und mehrheitlich von dieser kontrolliert wird.

5.8.1 Voraussetzungen

Wählt der Unternehmer einen Niederlassungsstaat, der nicht Luxemburg ist, wird sein Interesse sich insbesondere richten auf:

- die Steuerbestimmungen (Steuersatz und Bemessungsgrundlage) des Niederlassungsstaates, in dem die gewählte Struktur angesiedelt wird;
- den „Verrechnungspreis" und die reibungslose Anwendung der Doppelbesteuerungsabkommen in Verbindung mit den geltenden EU-Richtlinien;
- die nationalen Sanktionen (für die Muttergesellschaft in Luxemburg) beim Einsatz von Modellen zur Steueroptimierung (Rechtsmissbrauch, Steuerflucht, Anti-Treaty-Shopping-Regelungen usw.).

5.8.2 Tochtergesellschaft

Die Tochtergesellschaft kann entscheiden,

- ob sie eine Ausschüttung der erzielten Gewinne vornimmt;
- Sie kann Nettogewinne thesaurieren oder ausschütten, wobei eine geringe oder keine Quellensteuer auf die Dividenden anfällt (Anwendung der Richtlinie über Mutter- und Tochtergesellschaften oder der Vereinbarung, von der die Muttergesellschaft profitieren kann);
- Die von einer Muttergesellschaft ihrer Tochtergesellschaft in Rechnung gestellten Beträge sind abzugsfähig;
- Die Verwaltungskosten, Schuldzinsen und Lizenzgebühren, die an verbundene Unternehmen gezahlt werden, sind ebenfalls abzugsfähig, wenn die folgenden Voraussetzungen zutreffen: sie stehen effektiv erbrachten Leistungen gegenüber;

- die Transaktionen werden zu Marktpreisen in Rechnung gestellt;
- Die Anwendung der europäischen Richtlinie über Zahlungen von Zinsen und Lizenzgebühren ermöglicht die vollständige Aufhebung aller Quellensteuern für alle Zahlungen von Zinsen oder Lizenzgebühren zwischen verbundenen Unternehmen;
- Die Tochtergesellschaft und ihre Muttergesellschaft können unter bestimmten Bedingungen von der steuerlichen Integration profitieren, durch die im Laufe eines Steuerjahres positive Ergebnisse mit negativen Ergebnissen verrechnet werden können.

5.8.2.1 Luxemburgische Tochtergesellschaft

Die luxemburgische Tochtergesellschaft verfügt über eine eigene Rechts- bzw. Steuerpersönlichkeit, die sich von derjenigen der Muttergesellschaft unterscheidet: ihre Gewinne unterliegen daher in Luxemburg der Einkommensteuer.

Werden die Gewinne der luxemburgischen Muttergesellschaft, die ihr von der Tochtergesellschaft in Form von Dividenden oder Zinsen zufließen, grundsätzlich versteuert, sind diese Dividenden zumeist für die Muttergesellschaft von der Steuer befreit.

5.8.2.2 Ausländische Tochtergesellschaft

Die Tochtergesellschaft im Ausland verfügt über eine eigene Rechts- bzw. Steuerpersönlichkeit, die sich von derjenigen der Gesellschaft in Luxemburg unterscheidet: ihre Gewinne können daher nur im Ausland versteuert werden.

Dagegen ist die luxemburgische Muttergesellschaft in Bezug auf die Gewinne, die die Tochtergesellschaft ihr in Form von Dividenden oder Zinsen ausschüttet, steuerpflichtig (auch wenn in den meisten Fällen die Dividenden aus dem Ausland für die luxemburgische Muttergesellschaft steuerbefreit sind).

Ein etwaiger Quellensteuerabzug im Ausland auf Dividenden oder Zinsen ist entweder auf den luxemburgischen Steueranteil anrechenbar oder von der Bemessungsgrundlage abzugsfähig.

5.8.3 Zweigniederlassung

Der Gewinn wird unmittelbar vom Gesellschaftssitz erfasst.

Die Zweigniederlassung muss der Steuerverwaltung (Administration des contributions directes) die Finanzdaten in Bezug auf die Muttergesellschaft, die bisweilen vertraulich sein können, jährlich mitteilen.

Eine Zweigniederlassung kann schwerlich Verträge (Veräußerung oder Abtretung von Patenten, Betriebslizenzen, Verfahren usw.) mit der Muttergesellschaft schließen, da sie beide eine einheitliche Rechtspersönlichkeit darstellen. Sie kann daher nicht die sich hieraus ergebenden etwaigen steuerlichen Abzüge nutzen.

Der Staat der Ansiedlung kann bei einer Steuerprüfung alle Konten des Unternehmens prüfen.

5.8.3.1 Luxemburgische Zweigniederlassung

Die luxemburgische Zweigniederlassung besitzt keine eigene von der Gesellschaft losgelöste Rechtspersönlichkeit: ihre Ergebnisse sind daher unmittelbar in den Konten des Geschäftssitzes enthalten.

5.8.3.2 Zweigniederlassung im Ausland

Die ausländische Zweigniederlassung besitzt keine eigene von der Gesellschaft losgelöste Rechtspersönlichkeit: ihre Ergebnisse sind daher unmittelbar in den Konten des Geschäftssitzes enthalten.

Nach den meisten von Luxemburg geschlossenen Doppelbesteuerungsabkommen sind die Ergebnisse im Großherzogtum nicht steuerpflichtig und nicht abzugsfähig und werden folglich im Land der Ansiedlung der Niederlassung versteuert. Fehlt ein internationales Doppelbesteuerungsabkommen, unterliegen die Einkünfte der Zweigniederlassung der luxemburgischen Steuer, wobei die ausländische Steuer angerechnet wird.

Literatur

Höhn, N./Höring, J. (2010), Das Steuerrecht international agierender Unternehmen, 1. Auflage, Wiesbaden 2010.

Sonstige Quellen

http://legilux.public.lu/
http://www.guichet.public.lu/entreprises/de/index.html
http://www.guichet.public.lu/citoyens/de/index.html

Gestaltungshinweise 6

Zu den Ausführungen in diesem Kapitel vgl. auch Höhn und Höring 2010, § 6 D, und Höring 2012, § 5 C.

6.1 Einleitung

Luxemburg ist bekannt als internationaler Finanzstandort. Den ersten Boom erlebte Luxemburg in den 1960er-Jahren, als ein neues US-amerikanisches Gesetz über Darlehen den Luxemburger Banken die Möglichkeit eröffnete, das Geschäft mit Konsortialdarlehen zu forcieren – vornehmlich für US-amerikanische Kunden. Die Nähe zu Deutschland spielte eine entscheidende Rolle, um die weitere Entwicklung des Offshore-Standortes Luxemburg für das Bankwesen voranzutreiben, schon allein der Tatsache wegen, dass Luxemburg als Sitz für eine deutsche Bankniederlassung gewählt wurde, um bei Auslandseinlagen nicht mit den hohen Anforderungen an die deutschen Reservepflichten und -vorschriften belastet zu werden.

Deutsche Banken und Versicherungen wie auch Fonds(verwaltungs-)gesellschaften spielen die wesentliche Rolle in Luxemburg. Die meisten (Auslands-) Banken sind Niederlassungen. Sie sind Service Administratoren für die Mutterbank/Muttergesellschaft oder deren Auslandsfilialen und übernehmen daher Aufgaben wie zum Beispiel Buchhaltung und Finanzierung der Geschäfte der Mutterbank, aber auch Drittparteienbuchführung und Administration von Investmentfonds und ähnlichen Kapitalsammelvehikeln. Da die Hauptaktivität des Finanzsektors sich auf Bankgeschäfte, Fondsverwaltung und Depotdienste konzentriert, steht Luxemburg traditionsgemäß in Konkurrenz mit Irland und der Schweiz.

Neben den oben erwähnten Hauptaktivitäten im Finanzsektor ist Luxemburg vor allem als Holdingstandort bekannt, das heißt, Luxemburg gewährt bestimmten Holdingstrukturen und -gesellschaften eine bevorzugte steuerrechtliche Behandlung. Das Finanzwesen in Luxemburg ist bestimmt von den Holdingstrukturen, seit der Zeit als diese mit Gesetz vom 31. Juli 1929 zum ersten Male legalisiert wurden.

Holdings können variabel eingesetzt werden und sind steuerlich begünstigt. Solange sie nicht gewerblich tätig sind, können auch Kredite vergeben werden, ohne dass das Zinseinkommen einer Besteuerung unterworfen ist, ja diese können sogar in Immobiliengeschäfte involviert werden. Eine Finanzierung der Holding mit Schulden ist erlaubt.

Auf internationalen Druck hin musste Luxemburg die steuerlichen Vorteile der sogenannten „1929-Holdings" stark reduzieren. Seit 2004 verlieren sie ihren steuerfreien Status, sobald fünf Prozent der Dividenden an Teilhaber in andere Steuerländer fließen und/oder mit weniger als 10,5 % (bis zum 31. Dezember 2008: elf Prozent) besteuert werden. Holdings, welche bis vor dem 19. Juli 2006 registriert waren bzw. existierten, hatten bis zum 31. Dezember 2010 Bestandsschutz.

Als „Ersatz" für diesen Typ von Holding nach dem 1929er-Gesetz hatte Luxemburg andere Strukturen geschaffen, wie zum Beispiel die spf (société de gestion de patrimoine familial) mit Gesetz vom 11. Mai 2007. Auch nicht betroffen von der alten 1929er-Regelung sind die sogenannten soparfis (sociétés de participation financière). Die spf und die Holding 1929 können nicht von einem DBA profitieren, wohingegen dies für die soparfi erlaubt ist.

Darüber hinaus hat Luxemburg weitere Vehikel zu bieten, welche ein spezifisches Steuerregime bieten:

- Organismen zur gemeinsamen Anlage (Fondsstrukturen):
  - sicav (sociétés d´investissement en capital à variable)
  - sicaf (sociétés d´investissement en capital à fixe)
  - fcp (fonds comnun de placement)
- Spezialfonds, sif oder fis (fonds d'investissement spécialisées)
- Reservierte Alternative Investmentfonds, RAIF (fonds d'Investissement Alternative Réservé)
- Venture Capital Investments, sicar (sociétés d'investissement en capital à risque)

Diese und weitere Strukturen sowie Steuerstrukturierungsmöglichkeiten werden im Folgenden detaillierter angerissen.

6.2 Holdinggesellschaften und -strukturen

Wenn man sich mit in Luxemburg domizilierte Holdings (oder ähnliche Strukturen) beschäftigt, wird man feststellen, dass es im Wesentlichen um die Gewährung von einem steuerbegünstigtem Status für die Vehikel geht, der nicht von der Gesellschaftsform, sondern von dem Gesellschaftszweck determiniert wird.

Auch wenn üblicherweise die Holding in Luxemburg als s.a. errichtet wird, steht praktisch jeder luxemburgischen Gesellschaft zu, sich als Holding zu qualifizieren, solange sie allgemein gesehen die folgenden Kriterien erfüllt:

- Ausschließlicher Gesellschaftszweck ist, Beteiligungen gleich welcher Art an luxemburgischen und ausländischen Gesellschaften zu halten, zu verwalten und zu veräußern.
- Es wird keine direkte gewerbliche Tätigkeit ausgeführt.
- Es werden keine Sachwerte besessen.
- Es wird keine der Öffentlichkeit zugängliche Geschäftseinrichtung unterhalten.

Das heißt, die Holding in Luxemburg ist in den meisten Fällen mindestens an ein positives und ein negatives Kriterium gebunden, die den Vergünstigungsbereich eingrenzen.

In Luxemburg kommen im Wesentlichen die im Folgenden aufgeführten Typen der Holdinggesellschaften vor, mit denen jeweils unterschiedliche steuerrechtliche Anknüpfungspunkte verbunden sind:

- soparfi („société de participations financières")
- spf („société de gestion de patrimoine familial")

Nach einer vereinfachten Definition wird unter einer Holding – der Begriff selbst ist vom Englischen „to hold" abgeleitet – ein Unternehmen verstanden, dessen betrieblicher Hauptzweck in auf Dauer angelegte Beteiligungen an rechtlich selbstständigen Unternehmungen liegt. Die Beteiligungen stellen mithin das wichtigste Aktivum der Holdinggesellschaft dar, deren Aufgaben sich in der Regel auf Verwaltungs-, Finanzierungs- und Managementfunktionen erstrecken.

Zwar mag die Errichtung einer Holdingstruktur in der Regel von betriebswirtschaftlichen Gründen getrieben sein, jedoch wird sie auch auf rechtlichen oder steuerrechtlichen Überlegungen basieren. Gerade die steuerliche Komponente ist entscheidend bei der konkreten Standortwahl. Als zwei typische steuerrechtliche

Motive lassen sich in diesem Zusammenhang nennen: Vermeidung von Mehrbelastungen und Erzielung von Minderbelastungen (zum Beispiel Minderung von Umwandlung von steuerpflichtigen Einkünften in steuerbefreite Einkünfte, Reduktion von Quellensteuern auf Dividenden, Zinszahlungen und Lizenzgebühren, Möglichkeit der Anrechnung ausländischer Steuern im Inland oder Steuergutschriften im Ausland, Vermeidung von Substanz- und Kapitalverkehrsteuern etc.). Mithin liegt es auf der Hand, dass oftmals die steuerlichen Ziele die Standortwahl auch für eine Holdingstruktur erheblich determinieren.

6.2.1 soparfi

Die soparfi („société de participations financières") ist eine in Luxemburg voll steuerpflichtige Kapitalgesellschaft, die unter den Voraussetzungen des luxemburgischen Rechtes von dem Schachtelprivileg der Mutter-Tochter-Richtlinie profitieren kann. Die soparfi muss klar zu den anderen Holdingstrukturen wie die der spf abgegrenzt werden und hat weder steuerrechtlich noch gesellschaftsrechtlich einen besonderen Status. Durch die Tatsache allerdings, dass diese Gesellschaft vornehmlich in Luxemburg für Finanzierungszwecke genutzt wird (auch weil diese vollumfänglich von den DBA profitieren kann), ist diese für Strukturierungsmaßnahmen in Bereich der Unternehmen wie auch der sonstigen Vehikel (wie zum Beispiel Venture Capital, Private Equity oder Investmentvermögen) äußerst beliebt.

Die Entwicklung der soparfi ist eng an die Vorschriften, deren Entwicklung und Neufassung der Dividendenbesteuerung und des Schachtelprivilegs (basierend auf der Mutter-Tochter-Richtlinie, siehe auch erstes Gesetz vom 4. Dezember 1967) geknüpft. Durch ständige Präzisierung, Anpassungen und Fortbildung hat sich auch in Luxemburg dieses flexible und steuerbegünstigte Vehikel zu Finanzierungszwecken und/oder Kapitalsammelzwecken herauskristallisiert.

Das Rechtssystem der „soparfi" geht im Wesentlichen auf zahlreiche existierende Bestimmungen zurück, unter anderem auf das Gesetz vom 6. Dezember 1990 und auf die Großherzogliche Verordnung vom 24. Dezember 1990 betreffend das Schachtelprivileg, sowie auf weitere bedeutende Gesetzesänderungen, vor allem betreffend das Gesetz vom 28. Dezember 1995 (Ausweitung des Schachtelprivilegs auf Betriebsstätten) und auf das Gesetz vom 21. Dezember 2001, durch welches gewisse Bestimmungen betreffend direkte und indirekte Steuern abgeändert wurden (Vereinfachung der Bedingung zur Anwendung dieses Privilegs), bevor es die endgültige Form von heute wurde.

6.2 Holdinggesellschaften und -strukturen

Die „soparfi" ist keine besondere Art der Gesellschaftsform. Der Begriff „soparfi" wird auf solche Gesellschaften angewandt, deren Aktivitäten hauptsächlich in finanziellen Beteiligungen liegen. Die „soparfi" gilt mithin als eine gewöhnliche Handelsgesellschaft (selbst wenn der Gesellschaftszweck nicht dem Handel zuzuordnen ist), die den allgemeinen rechtlichen und steuerrechtlichen Bestimmungen des luxemburgischen Gesellschaftsrechts unterliegt und von den Regeln des „Schachtelprivilegs" profitieren kann: Es sollte herausgehoben werden, dass lediglich gewisse Einkommensarten, und hier auch nur unter strengen und bestimmten Prämissen, von der Besteuerung exkludiert werden können, da Luxemburg sehr oft als Holdingstandort betrachtet wird, in dem überhaupt keine Unternehmensbesteuerung für Beteiligungsgesellschaften erfolgt.

Vor dem Hintergrund der erlaubten und zulässigen Aktivitäten hat eine „soparfi" die folgenden Möglichkeiten:

- Beteiligungen eingehen und das Halten an in Luxemburg ansässigen und nicht ansässigen Gesellschaften (sowie Immobiliengesellschaften),
- Immobilien erwerben und besitzen,
- alle gewerblichen und industriellen Aktivitäten, solange diese im Zusammenhang mit der Satzung und dem darin fixierten Gesellschaftszweck stehen,
- Patente erwerben, veräußern, verwerten,
- Lizenzen gewähren.

Mithin kann festgehalten werden, dass die soparfi in erster Linie zum Erwerb von finanziellen Beteiligungen jeglicher Art an luxemburgischen oder ausländischen Unternehmen dient. Außerdem wird sie zur Verwaltung und Verwertung dieser Beteiligungen gegründet.

Die soparfi kann allerdings im gewissen Maße als Haupt- oder Nebenaktivität industrielle und kommerzielle Tätigkeiten ausüben.

Die „soparfi" kann in den folgenden gesellschaftsrechtlichen Formen geführt werden:

- Kapitalgesellschaft
  - s.a. („société anonyme")
  - s.à r.l. („société à responsabilité limitée")
  - s.c.a. („société en commandite d'actions")
- Personengesellschaft ist nicht möglich

In der Regel wird die „soparfi" als s.a. in Luxemburg betrieben. Es sind für die soparfi sowohl Namensaktien als auch Inhaberaktien zulässig. Das Führen eines

Aktienregisters ist nicht vorgeschrieben. Die Übertragung der Aktien erfolgt durch einfache Übergabe.

▶ Eine Aufteilung der Aktien in bloßes Eigentum und Nießbrauchsrecht ist zulässig. Damit kann das Eigentum einer Aktie einer natürlichen oder juristischen Person übertragen werden und gleichzeitig der Nießbrauch hieran einer anderen Person, wobei das Stimmrecht sowohl dem Eigentümer als auch dem Nießbrauchberechtigten zugeteilt werden kann. Auf diese Art und Weise können Nachfolgeregelungen gefunden werden, um das Fortbestehen eines Unternehmens zu sichern oder laufende Einkünfte zuzuteilen.

▶ Durch Inhaberaktien bleibt auch die Anonymität der Anteilinhaber gewahrt, sogar im Falle eines Auskunftsersuchens einer ausländischen Steuerverwaltung im Rahmen eines der mit Luxemburg abgeschlossenen DBA oder EG-Richtlinie über grenzüberschreitende Amtshilfe.

Die soparfi muss ihren Sitz in Luxemburg haben, allerdings werden an die Nationalität oder Ansässigkeit der Geschäftsführer keine Anforderungen gestellt. Die Frage, ob eine Gesellschaft in Luxemburg ansässig ist oder nicht, richtet sich in Zweifelsfällen auch nach der „Tie-breaker"-Klausel in dem jeweiligen supranationalen Abkommen.

Die soparfi unterliegt dem luxemburgischen Handelsrecht und dem entsprechendem Gesetz vom 10. August 1915. Mithin haben die Holdinggesellschaften auch regelmäßig ihre Jahresabschlüsse unter Einbindung und Bestellung eines Wirtschaftsprüfers („Réviseur d'entreprises") ordnungsgemäß festzustellen. Die Veröffentlichung eines Halbjahresberichtes ist nicht erforderlich. Vorteilhaft gestaltet sich in Luxemburg, dass die Konten und Buchhaltung auch in beliebiger fremder Währung geführt werden dürfen. Der testierte Jahresabschluss muss mindestens 15 Tage vor der jährlichen Generalversammlung der Anteilinhaber vorliegen und spätestens sieben Monate nach dem Geschäftsjahresende beim Handelsregister eingereicht und hinterlegt worden sein. Falls die soparfi Tochtergesellschaften hat, ist grundsätzlich ein Konzernabschluss erforderlich. Unter bestimmten Umständen kann die soparfi aber von der Erstellung befreit werden.

Grundsätzlich ist die soparfi eine in Luxemburg uneingeschränkt mit ihrem Welteinkommen steuerpflichtige ansässige Kapitalgesellschaft. Mithin unterliegt sie der Besteuerung für indirekte und direkte Steuern, solange nicht das sogenannte Schachtelprivileg (die luxemburgische „Participation Exemption") basierend auf der Mutter-Tochter-Richtlinie anwendbar ist, die eine Ausnahme von

6.2 Holdinggesellschaften und -strukturen

Einkommen-, Körperschaft- und Quellensteuer sowie Vermögensteuer gewähren kann. Maßgebliche Vorschriften diesbezüglich sind die Art. 147, 166 LIR und § 60 Bewertungsgesetz (BewG).

Nachteilig wirkt sich die Steuerreform 2017 auf die soparfi aus. Die „soparfi" als Luxemburger Holdinggesellschaft, die vielseitig bei der Steuerstrukturierung (nicht nur bei Gesellschaften, sondern auch bei Strukturierungen von Investmentfonds) zum Einsatz kommt, erfährt nun eine höhere Mindestbesteuerung. Die schon seit Januar 2016 eingeführte Vermögensmindestbesteuerung für die soparfi in Höhe von 3210 EUR wird nun auf 4815 EUR erhöht. Zu beachten ist, dass diese Mindestvermögensteuer seit der Einführung nicht auf die zukünftige Steuerschuld anrechenbar ist. Dies wird weiterhin bei steuerlich getriebenen Strukturierungen als Kostenfaktor mit berücksichtigt werden müssen.

Treibendes Moment bei der Strukturierung einer soparfi ist die Anwendung des in Art. 166 LIR verankerten Schachtelprivileg-Regimes für Beteiligungen, das unter bestimmten Voraussetzungen basierend auf der Mutter-Tochter-Richtlinie für Ertragsteuern eine vollständige Steuerbefreiung von Quellenbesteuerung für Dividendenausschüttungen, für realisierte Gewinne und Liquidationserlöse bewirken kann:

- Mindestbeteiligung – mittel- oder unmittelbar – von zehn Prozent der Anteile bzw. bei einer Beteiligung unter zehn Prozent reicht auch ein Kaufpreis der Beteiligung von mindestens 1,2 Mio. EUR (hinsichtlich Dividenden- und Liquidationseinkünfte) bzw. sechs Millionen Euro (hinsichtlich Veräußerungsgewinnen) und
- eine Mindesthaltedauer einer qualifizierten Muttergesellschaft von einem Jahr bzw. die Verpflichtung, die Beteiligung während dieser Frist zu halten (zum Beispiel nachträgliches Eingehen einer Halteverpflichtung) und
- die Tochtergesellschaft
  - eine luxemburgische Rechtsform einer Kapitalgesellschaft oder
  - eine Rechtsform laut Art. 2 der überarbeiteten Version der Mutter-Tochter-Richtlinie haben oder
  - eine Rechtsform einer vollsteuerpflichtigen Kapitalgesellschaft (nicht in Art. 166 Abs. 10 LIR genannt) oder
  - als eine Gesellschaft qualifizieren, die in ihrem Sitzstaat auf einer mit der luxemburgischen vergleichbaren Basis zu einem Steuersatz besteuert wird und
- die luxemburgische Gesellschaft
  - eine luxemburgische Rechtsform einer Kapitalgesellschaft oder
  - eine Rechtsform laut Art. 2 der überarbeiteten Version der Mutter-Tochter-Richtlinie haben oder

- eine Rechtsform einer vollsteuerpflichtigen Kapitalgesellschaft (nicht in Art. 166 Abs. 10 LIR genannt, also in einem Non-EU-Mitgliedstaat) oder
- eine Branch

  einer Gesellschaft mit einer Rechtsform laut Art. 2 der überarbeiteten Version der Mutter-Tochter-Richtlinie haben oder
  einer vollsteuerpflichtigen Kapitalgesellschaft in einem Land, mit dem Luxemburg ein DBA hat oder
  einer vollsteuerpflichtigen Kapitalgesellschaft in einem EFTA Land (zurzeit Liechtenstein, Norwegen und Island) hat.

Dividendenausschüttungen an eine luxemburgische Gesellschaft, die das Schachtelprivileg nicht in Anspruch nehmen kann (zum Beispiel bei Beteiligungen unter zehn Prozent), unterliegen grundsätzlich einer Ertragsbesteuerung in Höhe von zurzeit 19 % (Körperschaftsteuer zuzüglich Gewerbesteuer). Die Dividenden können jedoch zu 50 % steuerbefreit sein, wenn sie ausgeschüttet wurden von einer:

- unbeschränkt steuerpflichtigen Kapitalgesellschaft mit Sitz in Luxemburg, oder
- ausländischen Kapitalgesellschaft, die einem Ertragsteuersatz unterliegt, dessen Höhe bei vergleichbarem steuerpflichtigen Einkommen dem luxemburgischen Körperschaftsteuersatz entspricht (in der Praxis grundsätzlich mindestens 15 %) und die in einem DBA-Vertragsstaat ansässig ist, oder
- EU-Tochtergesellschaft im Sinne der Mutter-Tochter-Richtlinie, das heißt, sie muss der Körperschaftsteuer unterliegen, deren Höhe nicht unbedingt dem luxemburgischen Steuersatz entsprechen muss.

Beispiel
Zwölf Prozent des Gesellschaftskapitals einer spanischen Kapitalgesellschaft wurde von einer soparfi am 21. Februar 2016 zum Preis von einer Millionen Euro erworben. Am 30. Juni 2016 wird eine Dividende ausgeschüttet, welche von der Körperschaftsteuer befreit ist, sofern sich die soparfi verpflichtet, mindestens zehn Prozent des Kapitals der Beteiligung bis zum 22. Februar 2017 zu halten.

Beispiel
Eine soparfi hält eine Beteiligung von 17 % am Kapital einer italienischen Kapitalgesellschaft (erworben am 7. Februar 2016). Bis zu sieben Prozent der Beteiligung können unter Steuerbefreiung des Veräußerungsgewinnes verkauft

6.2 Holdinggesellschaften und -strukturen

werden, solange die soparfi am 8. Februar 2017 noch die restlichen zehn Prozent an der Gesellschaft hält.

> **Beispiel**
> Eine soparfi verkauft die an einer deutschen Tochterkapitalgesellschaft bestehende Beteiligung. Ein Veräußerungsgewinn wird realisiert. Unter der Voraussetzung, dass alle Bedingungen des Schachtelprivilegs erfüllt sind, bleibt der realisierte Veräußerungsgewinn in Deutschland steuerfrei, da aufgrund des DBAs das Besteuerungsrecht Luxemburg zugewiesen ist. In Luxemburg bleibt der Gewinn ertragsteuerfreies „Sondervermögen" (aufgrund des Schachtelprivilegs). Wird nunmehr die soparfi liquidiert, so bleibt auch die Ausschüttung des Liquidationserlöses an die Gesellschafter (natürliche oder juristische Personen) quellensteuerfrei.

Von wesentlicher Bedeutung ist die Befreiung von einer Quellenbesteuerung (Kapitalertragsteuer bei 15 %, Art. 148 Abs. 1 LIR) im Rahmen der Strukturierung über luxemburgische Holdinggesellschaften. Bei Strukturierungen kann auf die in Art. 147 LIR verankerte Anwendung der Mutter-Tochter-Richtlinie zurückgegriffen werden. Unter den folgenden Voraussetzungen ist eine Quellensteuerbefreiung von Dividendenausschüttungen, die an ansässige und nicht-ansässige Kapitalgesellschaften gehen, zu erlangen:

- Mindestbeteiligung – mittel- oder unmittelbar – von zehn Prozent der Anteile bzw. bei einer Beteiligung unter zehn Prozent reicht auch ein Kaufpreis der Beteiligung von mindestens 1,2 Mio. EUR,
- eine Mindesthaltedauer einer qualifizierten Muttergesellschaft von einem Jahr bzw. die Verpflichtung, die Beteiligung während dieser Frist zu halten (zum Beispiel nachträgliches Eingehen einer Halteverpflichtung) und
- der Status der subsidiären Gesellschaft erfüllt die Voraussetzungen des Art. 166 Abs. 10 LIR als uneingeschränkt steuerpflichtige Gesellschaft und
- die begünstigte Gesellschaft ist
  - eine in Luxemburg ansässige, uneingeschränkt steuerpflichtige Gesellschaft (vgl. Art. 166 Abs. 10 LIR) oder
  - eine in der Schweiz uneingeschränkt steuerpflichtige Gesellschaft oder
  - eine ständige Niederlassung/Betriebsstätte einer in der EU oder in einem Drittland ansässigen Gesellschaft in Luxemburg, die mit dem Großherzogtum Luxemburg ein DBA abgeschlossen hat.

Falls die Voraussetzungen nicht erfüllt sind, kommt eine Quellensteuerbesteuerung von 15 % zur Anwendung, allerdings kann auf die von einer soparfi ausgeschütteten Dividenden an Gesellschaften aus Drittländern die Quellensteuer sogar bis auf null Prozent reduziert werden, abhängig von einem bestehenden DBA.

Abb. 6.1 soll verdeutlichen, wie sich das Schachtelprivileg hinsichtlich der diversen Endanleger auswirkt.

> **Beispiel**
> Quellensteuer auf Dividende der soparfi an Investoren:
> Hinsichtlich des ersten Investors mit einer Beteiligung von 30 %, Sitz in der EU, juristische Person: null Prozent
> Hinsichtlich des zweiten Investors mit einer Beteiligung von zehn Prozent, Sitz in der EU, juristische Person: null Prozent bis 15 %
> Hinsichtlich des dritten Investors mit einer Beteiligung von 30 %, Sitz in der EU, natürliche Person: null Prozent bis 15 %
> Hinsichtlich des vierten Investors mit einer Beteiligung von 30 %, Sitz außerhalb der EU, ohne DBA Schutz, juristische Person: 15 %

Eine Möglichkeit der Generierung von Veräußerungsgewinnen, die dann nicht in Luxemburg einer Quellenbesteuerung unterliegen, wäre ein Rückkauf von allen Anteilen von einem oder mehreren Anteilseignern, die dann nicht mehr Anteilseigner sind, gefolgt durch eine Auflösung solcher Anteile (Teilliquidation).

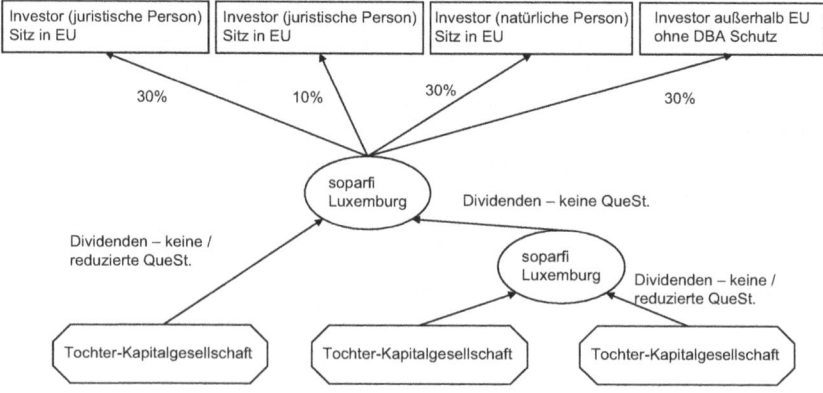

Abb. 6.1 soparfi und Schachtelprivileg. (Eigene Darstellung)

6.2 Holdinggesellschaften und – strukturen

Über die Implementierung von hybriden Finanzierungsinstrumenten kann eine ähnliche Wirkung erzielt werden, wie zum Beispiel mit der Implementierung von CPECs. CPECs („Convertible Preferred Equity Certificates") sind hybride Instrumente, die in Luxemburg als Schuld, aber in einigen anderen Ländern (zum Beispiel USA) unter Umständen als Kapital zu qualifizieren sind. CPECs sind üblicherweise niedrig verzinst oder zinslos, können aber zum Marktwert getilgt werden. Die niedrigen Zinsen bzw. die Unverzinslichkeit wird über das Umtauschrecht kompensiert. Findet eine Tilgung der CPECs vor der Konversion statt („Cash Settlement Feature"), können Reserven ausgeschüttet werden, die keine Kapitalertragsteuer nach sich ziehen.

Nach rein luxemburgischem Recht fällt keine Quellensteuer auf Zinsen an, die von einer „soparfi" für Darlehen gezahlt werden. Auf den automatischen Austausch von Informationen sei dennoch hingewiesen.

Ein an die ansässigen und nicht-ansässigen Anteilinhaber (natürliche oder juristische Person) der „soparfi" ausgezahlter Liquidationserlös unterliegt in Luxemburg keiner Quellenbesteuerung.

Unter der Bedingung, dass alle Voraussetzungen des Schachtelprivilegs erfüllt sind, kann auch eine Branch in Luxemburg in den Genuss der Steuerbefreiung bzw. des Privilegs der Mutter-Tochter-Richtlinie kommen, solange die Branch der Muttergesellschaft in einem Land ihren Sitz hat, das mit Luxemburg ein DBA hat, oder in einem EU-Mitgliedstaat ansässig ist.

Eine Möglichkeit der planerischen Gestaltung mittels einer soparfi ist der Gedanke, die soparfi als unterliegende Finanzierungsgesellschaft zu nutzen (nicht nur bei Gesellschaften, sondern auch in Kombination mit anderen Strukturen, wie zum Beispiel Verbriefungen, Investmentvermögen etc.).

▶ Dies ist eine einfache Struktur, die die Quellenbesteuerung auf ein Minimum oder Null, für Zinsen und oder Dividenden, reduziert, und häufig in Luxemburg gebraucht wird. Zu beachten gilt dabei, dass oftmals eine doppel- oder mehrstöckige soparfi Struktur gewählt wird. Dabei werden zwei oder mehrere soparfi in der Weise gestapelt, dass die erste soparfi diejenige Gesellschaft ist, die in die Zielinvestments investiert und dann jede weitere soparfi in der nächsten investiert ist.

Bei allen Vorteilen einer Stapelung der soparfis muss doch der Hinweis gegeben werden, dass die Gründungskosten und die laufenden Kosten für eine solche Struktur schnell relativ hoch werden, sodass eine solche Lösung nicht unbedingt immer ideal ist und vor dem wirtschaftlichen Hintergrund hinterfragt werden muss (vgl. Abb. 6.2).

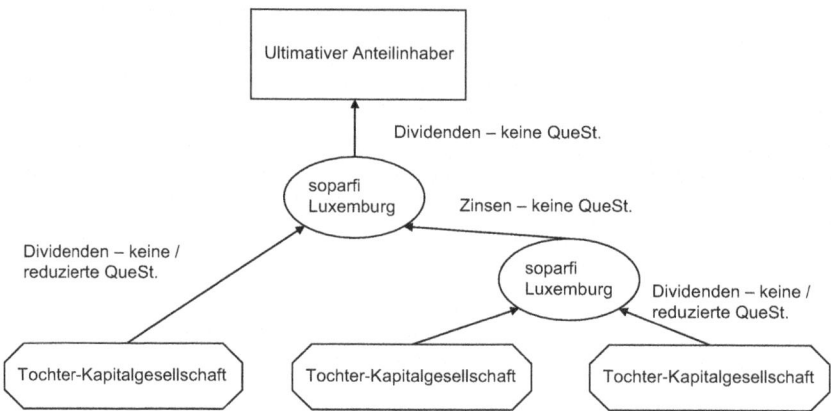

Abb. 6.2 soparfi. (Eigene Darstellung)

Da Teilwertabschreibungen auf Beteiligungen und Forderungen sowie Veräußerungsverluste auf Ebene einer deutschen Mutter bzw. eines Konzerns nach § 8b Abs. 3 Satz 3 und 4 KStG grundsätzlich steuerlich nicht abzugsfähig sind, kann eine Verlagerung derartiger Aufwendungen auf eine zwischengeschaltete (luxemburgische) Holdinggesellschaft in Form einer soparfi zweckmäßig sein.

> **Beispiel**
> Die deutsche Mutter Kapitalgesellschaft (M-AG) verfügt über zahlreiche Tochterkapitalgesellschaften im In- und Ausland, in den USA, Spanien und Malta, wobei sich derzeit Gewinnreduktionen abzeichnen (vgl. Abb. 6.3). Die M-AG hat an die Gesellschaften in den USA und Malta ein verzinsliches Darlehen ausgereicht. Keine der Gesellschaften ist derzeit in der Verlustzone. Die M-AG hat die Beteiligungen an allen Kapitalgesellschaften nach § 21 Abs. 1 Satz 2 UmwStG in Verbindung mit § 1 Abs. 3 und 4 UmwStG auf Antrag zu Buchwerten in die Luxemburger L-s.a. eingebracht (sogenannter qualifizierter Anteilstausch). Deutschland hat nach Art. 8 Abs. 1 DBA-Luxemburg das (ausschließliche) Recht, den Gewinn aus der Veräußerung der erhaltenen Anteile (hier: Anteile an der L-s.a.) zu besteuern. Das deutsche Besteuerungsrecht ist somit weder ausgeschlossen noch beschränkt.

6.2 Holdinggesellschaften und -strukturen

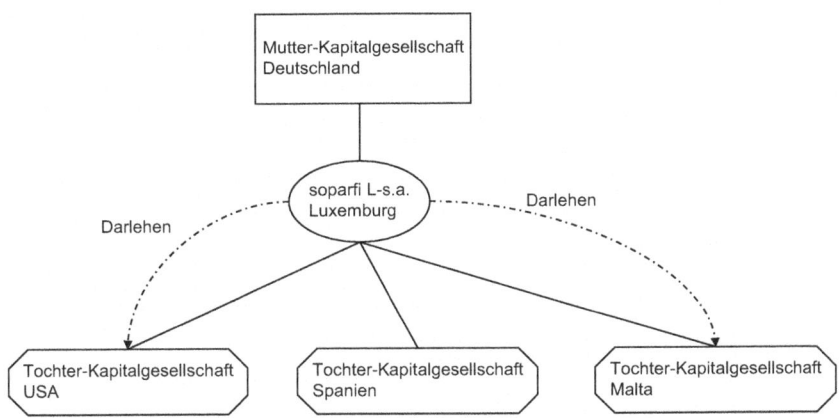

Abb. 6.3 Beispiel zur soparfi. (Eigene Darstellung)

Sinken die Verkehrswerte der Beteiligungen weiter und fallen diese dauerhaft unter die historischen Anschaffungskosten, sind die Beteiligungen entsprechend in Luxemburg abzuschreiben. Steuerlich sind die Teilwertabschreibungen auch abzugsfähig (Artikel 45 Abs. 1 LIR). Luxemburg stellt – zusammen mit der Schweiz – eine Ausnahme dar, da die meisten Länder, die Beteiligungserträge von der Steuer freistellen, Verluste und sonstige Wertminderungen regelmäßig im Umkehrschluss nicht zum steuerlichen Abzug zulassen. Spätere Wertaufholungen sind in Luxemburg dagegen voll steuerpflichtig.

Auch die Darlehensforderungen der M-AG gegenüber ihren Tochterkapitalgesellschaften lassen sich grundsätzlich steuerneutral transferieren. So kann die luxemburgische Holdinggesellschaft beispielsweise neue Darlehen an die beiden Töchter gewähren, die hiermit wiederum ihre Verbindlichkeiten gegenüber der M-AG tilgen. Verschlechtert sich die finanzielle Lage der Tochterkapitalgesellschaften, so können die Forderungen steuerwirksam in Luxemburg abgeschrieben werden. Potenzielle Veräußerungsverluste aus den Auslandsbeteiligungen sind in Luxemburg ebenfalls steuerlich abzugsfähig (Art. 114 LIR). Eventuelle Aufwendungen können von etwaigen Zinserträgen oder sonstigen Einkünften abgezogen werden.

Um nicht Risiko zu laufen, in der Praxis in den Anwendungsbereich des § 42 AO oder in den Bereich der Hinzurechnungsbesteuerung zu fallen, muss somit sichergestellt werden, dass der Abzug nicht ins Leere läuft und die soparfi über entsprechende Substanz und Einkunftsquellen aus operativer Tätigkeit verfügt.

Wie oben schon beschrieben, erfahren Dividendenzahlungen an eine Gesellschaft, für die das Schachtelprivileg gilt, keine oder eine reduzierte Quellenbesteuerung. Es ist aber oftmals das Ziel der Steuerplanung, dass eine solche Struktur gewählt wird (solange diese auch berechtigte wirtschaftliche Interessen aufzeigt), die über eine weitere ausländische Gesellschaft gebildet wird. Es stellt sich dann die Frage, ob schon per se eine Dividendenausschüttung ohne Quellensteuerbelastung garantiert werden kann. Das gilt gerade dann, wenn eine volle Steuerbefreiung der Dividendenzahlungen der soparfi und eine solche von der Muttergesellschaft der soparfi selbst gefordert wird.

Aufwendungen, die wirtschaftlich unmittelbar mit steuerbefreiten Einnahmen zusammenhängen, dürfen steuerlich nicht als Abzugsposition geltend gemacht werden (diese luxemburgische Regelung des Art. 45 Abs. 2 LIR ist dem § 3c EStG in Deutschland nachgebildet).

Aufwendungen hingegen, welche direkt mit der Beteiligung verbunden sind und bestimmte Abschreibungen auf die Beteiligung darstellen, sind insoweit als Abzugsposten geltend zu machen, als sie das gesamte freigestellte Einkommen (Dividenden und Veräußerungsgewinne) in demselben Jahr übersteigen. Diese Abzüge können zur Verrechnung mit weiterem Einkommen benutzt werden oder zu Verlusten führen. Ein Verlustvortrag ist zeitlich unbegrenzt möglich, allerdings ist die Freistellung für Veräußerungsgewinne nicht anwendbar, soweit solche vormals abgezogenen Kosten und Abschreibungen vorliegen, sogenannte „Recapture".

> **Beispiel**
> 2015 erwirbt eine „soparfi" eine 20-prozentige Beteiligung an einer spanischen Kapitalgesellschaft, die im Jahr 2017 veräußert wird und einen Veräußerungsgewinn von 1000 erzielt. Zum 1. Januar 2017 hat sie steuerlich vorgetragene Verluste von 500, von denen 400 durch die Zinsen entstanden sind, die auf den Kredit entfallen, mit dem die Beteiligung erworben wurde. Die restlichen Verluste fielen aufgrund von Verwaltungskosten an. In den Jahren, in denen die „soparfi" die Beteiligung hielt, hat sie kein zu versteuerndes Einkommen erzielt. Vom realisierten Veräußerungsgewinn in Höhe von 1000 sind 600 steuerfrei, weil die Differenz von 400 auf die vorgetragenen steuerlichen Verluste zurückzuführen ist.

Bezüglich der Gesellschafterfremdfinanzierung bestehen im luxemburgischen Steuerrecht keine speziellen Bestimmungen. Jedoch wird Art. 56 LIR, welcher über Operationen zwischen vinkulierten Personen bestimmt, auch auf die Fremdkapitalfinanzierung analog angewendet. Von der praktischen Seite haben

6.2 Holdinggesellschaften und – strukturen

sich in der luxemburgischen Steuerverwaltung bei Konzernfinanzierung einer Beteiligung bestimmte „Thin-Capitalization"-Begrenzungen herauskristallisiert: Für Beteiligungen, die über Konzerndarlehen finanziert worden sind, wird ein Fremdkapital-/Eigenkapital-Verhältnis (sogenannte Debt/Equity-Ratio) von 85:15 vorgeschrieben. Eine höhere Fremdfinanzierung ist im Prinzip möglich, führt allerdings zu 15 % Kapitalertragsteuer auf den Teil der Zinsen, der über 85 % Fremdfinanzierung hinausgeht (vgl. „verdeckte Gewinnausschüttung"). Unter bestimmten Voraussetzungen (durch Ausgabe bestimmter hybrider Wertpapiere und Finanzinstrument etc.) kann die Debt/Equity-Ratio bis zu einem Verhältnis von 99:1 erhöht werden.

Es stellt sich oftmals die Frage, ob in Luxemburg wie in vielen anderen Staaten auch, welche eine Reihe von Anti-Missbrauchsvorschriften erlassen haben, solche Regelungen vorhanden sind. Diese Vorschriften sollen es verhindern, dass Holdingstrukturen zum Zwecke der Steuerumgehung missbräuchlich eingesetzt werden. Die luxemburgische Gesetzgebung hat für die Holdings keine speziellen Anti-Missbrauchsregelungen oder Controlled Foreign Corporation (CFC)-Rules erlassen.

Dennoch besteht für die luxemburgischen Steuerbehörden die Möglichkeit, eine allgemeine Anti-Missbrauchsbestimmung anzuwenden sowie Maßnahmen dagegen zu ergreifen, die darauf abzielen, Gestaltungen und Transaktionen, die zwar nicht gesetzeswidrig durchgeführt wurden, aber keinen ersichtlichen wirtschaftlich gerechtfertigten Hintergrund haben. Als missbräuchlich kann eine solche Gestaltung angesehen werden, die ausschließlich dem Zweck der Steuerumgehung oder -vermeidung dient. Die Steuerverwaltung setzt dann eine Steuer so fest, als wäre die Operation geeignet und zweckmäßig gewesen.

Unter bestimmten Umständen und abhängig von den Aktivitäten der soparfi kann diese auch in den Anwendungsbereich der Umsatzsteuer fallen.

6.2.2 spf

Per Gesetz vom 11. Mai 2007 wurde eine weitere luxemburgische Form einer Holding, die sogenannte „société de gestion de patrimoine familial" (spf) als Reaktion auf die Abschaffung der „Holding 1929" ins Leben gerufen. Diese Form der Holding wurde speziell für die Bedürfnisse von Familienunternehmen/-holdings und deren Management von Assets initiiert (private Vermögensverwaltung). Die ausschließlichen Tätigkeiten und Aufgaben, die eine spf erbringen kann, sind daher:

- Akquise,
- Halten,
- Management sowie Verwaltung und
- Veräußerung

von Vermögensgegenständen im Finanzierungsbereich. Eine Konzentration der Tätigkeit auf Handelsgeschäfte ist nicht möglich.

Bereits oben kurz besprochen, beschränkt sich der Gesellschaftszweck der spf auf den Erwerb, das Halten, die Verwaltung und die Verwertung von Finanzaktiva (siehe auch ähnliche Definition von Finanzaktiva in Art. 1 Nr. 8 des Gesetzes vom 5. August 2005).

Wie bei der soparfi umschreibt der Begriff spf nicht eine besondere gesellschaftsrechtliche Form, sondern vielmehr einen besonderen satzungsmäßigen Zweck, der sich wiederum in diversen gesellschaftsrechtlichen Formen widerspiegeln kann.

Die spf kann in den folgenden gesellschaftsrechtlichen Formen geführt werden:

- Kapitalgesellschaft
  - s.a. („société anonyme")
  - s.à r.l. („société à responsabilité limitée")
  - s.c.a. („société en commandite d'actions")
  - s.c.o.s.a. („société coopérative organisée comme une société anonyme")
- Personengesellschaft ist nicht möglich

Die spf muss vom Investorenkreis stets überschaubar sein, um den Charakter der spf als privates Vermögensverwaltungsvehikel nicht zu verwässern. Investoren können daher nur natürliche Personen (Entités patrimoniales), die ausschließlich privates Vermögen für eine oder mehrere natürliche Personen (Family Offices, Trusts etc) verwalten, sowie Treuhänder sein.

Die spf unterliegt keiner aufsichtsrechtlichen Verpflichtung. Ihre Anteile können nicht an einer Börse notiert oder öffentlich gehandelt werden. Vom Anlegerkreis her ist sie allerdings auf Privatpersonen und bestimmte Zweckvermögen beschränkt. Zuständig für die Kontrolle ist weder die Finanzaufsicht CSSF noch die Steuerverwaltung in Luxemburg, sondern die sogenannte „Administration de l'Enregistrement et des Domaines". Die spf darf keinerlei Handelsgeschäfte betreiben.

6.2 Holdinggesellschaften und -strukturen

Die „spf" ist grundsätzlich von der Körperschaftsteuer, Gewerbesteuer und Vermögensteuer befreit (siehe auch Gesetz vom 11. Mai 2007), wenn die folgenden Voraussetzungen erfüllt sind:

- Die Einkünfte der spf stammen aus Beteiligungen von Gesellschaften innerhalb der EU.
- Die Einkünfte unterfallen der Körperschaftsteuer gemäß Art. 2 der Mutter-Tochter-Richtlinie oder
- von einer Gesellschaft mit Sitz außerhalb der EU und
- die einer vergleichbaren Besteuerung wie in Luxemburg unterworfen sind (das heißt mindestens 50 % des aktuellen Satzes in Luxemburg).

Die spf verliert allerdings diesen Status in solchen Fälle, in denen die „spf" mehr als fünf Prozent ihrer Dividenden von einer nichtansässigen Gesellschaft erzielt, die nicht an einer Börse notiert ist oder einer der luxemburgischen Körperschaftsteuer vergleichbaren Besteuerung unterliegt. Das heißt, die Holdingbegünstigung der spf entfällt dann, wenn das Halten der Beteiligungen in Ländern erfolgt, deren Körperschaftsteuerbelastung einer vergleichbaren Besteuerung wie in Luxemburg entspricht. Damit soll vermieden werden, dass die spf benutzt wird, um Dividenden aus sogenannten „Steueroasen" gänzlich steuerbefreit an den Investor ausgekehrt werden.

Dividendenausschüttungen eines solchen Holdingtyps werden in Luxemburg nicht mit einer Quellensteuer belastet.

Auch innerhalb Luxemburgs wird eine Kapitalertragsteuer auf Ausschüttungen fällig, die an die spf geleistet wird. Einen Rückerstattungsanspruch kann die spf nicht durchsetzen, auch wenn sie eine wesentliche Beteiligung an der ausschüttenden Gesellschaft hält (und eigentlich in den Anwendungsbereich der Mutter-Tochter-Richtlinie fallen würde). Zinsen kann die spf allerdings quellensteuerfrei vereinnahmen.

Von der indirekten Besteuerung her gesehen ist darüber hinaus die „spf" von der Umsatzsteuer befreit. Das heißt, es bedarf keiner Umsatzsteuerregistrierung, allerdings unterliegt sie allen übrigen direkten und indirekten Steuern.

Die „spf" muss eine jährliche Subskriptionsteuer (taxe d'abonnement) von 0,25 % leisten, die quartalsweise zu entrichten ist (mindestens 100 EUR, maximal 25.000 EUR) und deren Basis gemäß Art. 5 Abs. 2 des Gesetzes für die „spf" aus dem eingezahlten Kapital sowie allen Emissionsprämien aus Kapitalerhöhungen und Kapitalerhöhungen, die das Achtfache des eingezahlten Kapitals und Emissionsprämien übersteigen, besteht.

Aus der internationalen Sichtweise kann die „spf" auch nicht von einem DBA oder der Mutter-Tochter-Richtlinie profitieren, da sie ja schon von der luxemburgischen Einkommensteuer befreit ist. Dividendenausschüttungen an nicht in Luxemburg ansässige Investoren sind von einer luxemburgischen Besteuerung befreit, da nur in Luxemburg ansässige Gesellschafter mit den Dividendenzahlungen der allgemeinen luxemburgischen Einkommensteuer unterworfen sind. Realisierte Gewinne für nicht-ansässige Investoren werden unabhängig von einer Haltefrist nicht besteuert. Auch Liquidationserlöse sind für nicht in Luxemburg ansässige Investoren steuerfrei.

6.3 Investmentvehikel und investmentähnliche Vehikel

Luxemburg ist der zweitgrößte Investmentfondsstandort der Welt nach den USA und der größte in Europa, mit mehr als 25 % des gesamten Nettovermögens in der europäischen Fondsindustrie.

Erfolgsfaktoren waren und sind vor allem die liberale und effektive Umsetzung der entsprechenden EU-Richtlinien: Zu nennen sind hier vor allem die EU-Richtlinie für Organismen für gemeinschaftliche Anlagen in Wertpapieren (OGAW III), die in Luxemburg mit dem Gesetz vom 20. Dezember 2002 umgesetzt wurde. Weiterhin wird mit dem Gesetz vom 17. Dezember 2010, das die Umsetzung der OGAW IV-Richtlinie zum Gegenstand hatte und als erstes in einem EU-Land in Luxemburg umgesetzt wurde, die Erfolgsgeschichte des Fondsstandortes Luxemburg weiter fortgeschrieben.

Ferner wurde mit der Umsetzung der AIFM (Alternative Investmentfonds-Manager)-Richtlinie in das luxemburgische Gesetz vom 12. Juli 2013 ein weiterer Schritt in den Ausbau der Marktführerschaft in Europa getätigt.

Luxemburg ist neben dem Holdingstandort hauptsächlich bekannt als Standort für Investmentvehikel und investmentähnliche sonstige Strukturen, die spezielle vorteilhafte administrative und steuerrechtliche Besonderheiten aufweisen. Die folgenden Strukturen sollen überblicksartig dargestellt werden, und die Vorteile auch von der steuerrechtlichen Seite kurz hervorgehoben werden:

- Investmentvermögen mit einem Schwerpunkt auf dem „fonds d'investissement spécialisés"
- RAIF („Fonds d'Investissement Alternatif Réservés")
- sicar („société d'investissement en capital à risque")
- Verbriefungsgesellschaft

6.3 Investmentvehikel und investmentähnliche Vehikel

Es soll hier darauf hingewiesen werden, dass nur die Grundzüge dargestellt werden, gerade die oben genannten sonstigen Strukturen und Vehikel in einer detaillierten Art und Weise darzustellen, würde bedeuten, den Rahmen des Buches bei weitem zu sprengen.

Luxemburg sieht sich im Moment – und nicht erst seit und wegen der Umsetzung der UCITS IV-Richtlinie in nationales Recht – in einem Umfeld voller Herausforderungen: Die Welt durchläuft gerade schnelle und radikale Verschiebungen auf allen Ebenen (politisch, gesellschaftlich und wirtschaftlich), die einem Change-Management-Programm für die Planet Erde AG gleichkommen. ALFI, der luxemburgische Interessensverband der Fondsindustrie, hat verstanden, dass diese aktuellen Entwicklungen die Anforderungen der Investoren an Performance und Sicherheit, Effizienz und Innovation maßgeblich beeinflusst haben. Diese stark ausgeprägten, jedoch scheinbar widersprüchlichen Anforderungen wirken wie eine Stoßwelle auf die Branche: ein völlig neues regulatorisches Umfeld, Druck auf die Margen, aggressiver Wettbewerb um Kunden und Talente, ein beschleunigter grenzüberschreitender Vertrieb – und letztendlich ein neues Wertversprechen an die Investoren hinsichtlich der Auswahl, der Transparenz und der Risiko-Nutzen-Optionen.

Die Asset-Management-Branche steht vor der Wahl: Einige Akteure gehen jetzt vielleicht in die Defensive, ignorieren die Forderungen der Anleger nach angemessenem Schutz und ausführlichen Informationen. Sie streben danach, nationale Eintrittsbarrieren zu errichten, bauen Stellen ab, maximieren die kurzfristigen finanziellen Gewinne usw. Andere wiederum begegnen dem Wandel mit einer positiven Haltung, demonstrieren ihr Engagement, die Erwartungen der Investoren auszuarbeiten, verstärken ihre Präsenz auf den internationalen Märkten, fördern die Entfaltung neuer Fähigkeiten und investieren in den langfristigen Erfolg.

Luxemburg hat sich für die zweite Option entschieden.

Aufgrund seiner Erfahrung und Behändigkeit ist der Fondsstandort Luxemburg in der Lage, sich den neuen Bedingungen anzupassen, die Bedürfnisse der Asset-Management-Branche zu antizipieren und ihr besser zu dienen, indem es ein stabiles, nachhaltiges und attraktives Umfeld fördert. Zusammen mit der luxemburgischen Regierung, den Aufsichtsbehörden und dem Privatsektor haben wir es uns zum Ziel gesetzt, Luxemburg zum bevorzugten globalen Fondsstandort auszubauen. Wir konzentrieren uns dabei sowohl auf OGAW-Fonds als Referenzmarke für den weltweiten Privatkundenbereich als auch auf die regulierten alternativen Investmentfonds, die sich an professionelle, institutionelle und Unternehmensinvestoren richten.

Durch qualitativ hochwertige Dienstleistungen für die Anleger wird das Asset Management „Made in Luxembourg" darüber hinaus der Gemeinschaft insgesamt zugutekommen – in Luxemburg, Europa und international. Es wird dazu beitragen, das Vertrauen in langfristiges Sparen zu erneuern, Kapitalanlagen zu erleichtern, das Geschäftsklima zu verbessern, hoch qualifizierte Arbeitsplätze zu schaffen und die Rolle der Asset Management-Industrie zu erfüllen, indem Wohlstand in der globalen wirtschaftlichen Wertschöpfungskette geschaffen wird.

Die neue Zielsetzung des Fondsstandorts Luxemburg erfordert eine kontinuierliche Konzentration auf die unterschiedlichen Elemente, die sein Streben nach Exzellenz untermauern: regulierungstechnische Beratung und Compliance, Schulung und Schutz der Anleger, Innovationen und die schnelle Markteinführung von Produkten, Vertrieb und Kundendienst, Talentmanagement, Infrastruktur und Betreuung, Qualität und Betriebskosten, Verwaltung und Besteuerung sowie die kulturelle Integration sowohl innerhalb Luxemburgs als auch in den internationalen Gemeinschaften, denen der Standort dient.

Typischerweise sind auch in Deutschland die in Luxemburg aufgelegten Investmentvermögen bekannt, nicht nur für den privaten Anleger, sondern auch mehr und mehr für den institutionellen Anleger. Üblicherweise begegnet der Anleger den folgenden Investmentvermögen:

- fcp („fonds commun de placement"),
- sicav („société d'investissement à capital variable") und
- sicaf („société d'investissement à capital fixe").

Im Bereich der Investmentvermögen (Investmentfonds) wurde der luxemburgische Spezialfonds (sogenannter „fis", „fonds d'investissement spécialisés") mit Gesetz vom 13. Februar 2007 eingeführt und offeriert ein flexibles Fondsinstrument für qualifizierte Anleger.

Neben der Kombination der Anwendung des Schachtelprivilegs für Holdinggesellschaften und einer steuereffizienten „Exit"-Möglichkeiten, verfügt Luxemburg auch über spezifische investmentähnliche Strukturen, die man mit bestimmten Holdinggesellschaften kombinieren kann und die eine ähnliche steuerneutrale Wirkung bieten können. Interessant im Rahmen einer Holdinggesellschaft sind unter anderem die im Jahr 2004 eingeführte sicar („société d'investissement en capital à risque") für Beteiligungen im Venture-Capital- und Private-Equity-Bereich.

Ebenfalls im Jahr 2004 entstand die Struktur einer Verbriefungsgesellschaft, eine attraktive Lösung und eine Möglichkeit, in Luxemburg als Zentrale für Verbriefungsstrukturen („Securitization Vehicles" und Verbriefungsfonds) die bis dahin bestehenden rechtlichen und steuerrechtlichen Nachteile bei der Strukturierung von Verbriefungsgesellschaften zu beseitigen.

6.3 Investmentvehikel und investmentähnliche Vehikel

6.3.1 Investmentfonds

In den letzten Jahren hat sich Luxemburg als ein verlässlicher Partner bezüglich der Fondsauflage und Administration etabliert und ist als Plattform für die Distribution von Investmentfonds und -vehikeln ins europäische Ausland und nach Amerika und Asien bekannt. Anfang 2017 verzeichnete Luxemburg ca. 4100 Investmentfonds (ca. 2600 Umbrella-Fonds mit über 13.000 Teilfonds) und ca. 3860 Mrd. EUR Assets under Management.

Grundsätzlich bestehen die folgenden rechtlichen Typen und Formen, einen Fonds aufzulegen und zu administrieren:

- fcp („fonds comnun de placement"), vertragliche Form eines Investmentfonds ohne rechtliche Persönlichkeit, welcher eine Verwaltungsgesellschaft (die aber wiederum nicht als Holdinggesellschaft qualifiziert, es sei denn, es handelt sich um eine Ein-Fonds-Gesellschaft) erfordert.
- sicav („société d'investissement à capital variable"), Investmentfondsgesellschaft mit variablem Kapital.
- sicaf („société d'investissement à capital fixe"), Investmentfondsgesellschaft mit fixem Kapital.

Jedes Investmentvermögen kann mehrere Teilfonds und/oder mehrere Anteilklassen (zum Beispiel ausschüttende, thesaurierend, für eine bestimmte Anlegergruppe etc.) auflegen, mithin ist die sogenannte Umbrella-Struktur üblich. Das bedeutet, dass die unterliegenden Vermögensgegenstände in verschiedenen Teilfonds (Baskets) separiert werden und der Anteilinhaber/Investor kann dann entscheiden in welchen Teilfonds/Anteilklasse er investieren möchte.

Das Gesetz und die Strukturierung von Investmentvermögen, insbesondere die Nichtspezialfonds, werden getrieben von den folgenden Grundsätzen:

- Anlage in Vermögensgegenstände, die das Gesetz und die Rundschreiben der CSSF vorgeben (wie zum Beispiel Wertpapiere, derivative Instrumente etc.)
- Risikodiversifizierung
- Einhalten von Investmentrestriktionen
- Absicherung und Protektion der Investoren (Investorenschutz)
- Strenge Beaufsichtigung durch die Finanzaufsichtsbehörde CSSF

Dahingegen bietet der luxemburgische Spezialfonds fis ein flexibles Regime insbesondere für qualifizierte Anleger (insbesondere institutionelle, professionelle und gut-informierte Anleger). So sind Spezialfonds vor allem durch die folgenden Grundsätze charakterisiert:

- Größere Flexibilität hinsichtlich der
  - Investmentpolitik
  - Anlagespektrum (mithin sind fis speziell geeignet für alternative Investments, Immobilienanlage etc.)
- Geringere Anforderungen an
  - Risikodiversifizierung
  - Beaufsichtigung durch die Finanzaufsichtsbehörde CSSF
  - jährliche Reportingpflichten (Jahresendreport, Veröffentlichungspflichten etc.)
- Keine Anforderung mehr hinsichtlich der Genehmigung durch die Finanzaufsichtsbehörde CSSF für den
  - Promotor
  - Investmentmanager
- Erweiterung der Anlegerstruktur durch Einbeziehung der
  - professionellen Anleger (Banken, Versicherungen, Pensionsfonds etc.)
  - gut-informierten Anleger (wie zum Beispiel High Networth Individuals, Family Offices etc.)

Fonds in der rechtlichen Form des fcp gelten in Luxemburg als steuerlich transparent und sind per se nicht Gegenstand einer Besteuerung von Einkommen- und/oder Vermögensteuer. Ein Investor in einen fcp wird so besteuert, wie die Einkünfte zu versteuern wären, die der Investmentfonds erwirtschaftet hat.

Die Investmentvermögen, die als sicav oder sicaf aufgelegt und administriert werden, sind zwar per definitionem (Kapital-)Gesellschaften, würden daher auf den ersten Blick mit einer Körperschaftsteuer etc. belegt werden, dennoch werden diese von der Besteuerung (Einkommen- und/oder Vermögensteuer) ausgenommen. Dies basiert auf den entsprechenden EU-Richtlinien wie auch auf der besonderen Funktionsweise der Investmentfonds.

Aus dem gleichen Grunde, dass in Luxemburg ansässige Investoren mit den Investmentvermögen in Form einer sicav/sicaf unter die „normale" Einkommensbesteuerung der Einkünfte aus den Investmentvermögen fallen, das heißt Ausschüttungen und Veräußerungsgewinne aus dem Verkauf der Fondsanteile, so gilt auch für nicht in Luxemburg ansässige Investoren, dass deren Einkünfte aus Investmentvermögen in Luxemburg keinerlei Steuern unterworfen werden, vgl. dazu auch Art. 127 Abs. 2 des Gesetzes vom 20. Dezember 2002 bzw. Art. 172 ff. des Gesetzes vom 17. Dezember 2010. In Luxemburg werden auch

6.3 Investmentvehikel und investmentähnliche Vehikel

die Ausschüttungen der Investmentfonds an nicht in Luxemburg ansässige Investoren nicht mit einer Steuer belastet. Eine weitere Möglichkeit, wonach ein nicht in Luxemburg ansässiger Investor mit Steuern belastet wird, ist der Fall, dass der Investor mehr als zehn Prozent der umlaufenden Anteile des Investmentvermögens innerhalb der Haltefrist von sechs Monaten veräußert und einen realisierten Gewinn erwirtschaftet.

▶ In der Praxis wird von der luxemburgischen Steuerverwaltung keine Unterscheidung getroffen zwischen fcp und sicav/sicaf.

Auch dann, wenn ein Investor in einen fcp investiert ist, wird dieser nur dann besteuert, wenn eine Ausschüttung vorliegt und/oder ein Veräußerungsgewinn. Einzige Voraussetzung ist, dass die Anteile des Investmentvermögens mehr als sechs Monate gehalten werden müssen.

Es kann dennoch der Fall sein, dass die Einkünfte (Ausschüttungen oder Thesaurierungen) der Besteuerung in dem Land der Ansässigkeit des Investors unterliegen. In diesem Zusammenhang sei für deutsche Anleger auf das Investmentsteuergesetz und die Steuertransparenz für deutsche Steuerzwecke auch für ausländische Investmentvermögen verwiesen (siehe § 5 InvStG und die Veröffentlichung der steuerlichen Hinweise im elektronischen Bundesanzeiger).

Es muss darauf hingewiesen werden, dass die Einkünfte, die der Investmentfonds selbst erwirtschaftet, mit einer Quellensteuer im Ursprungsland belastet sein kann. Das Investmentvermögen kann aber auch wiederum von eventuellen supranationalen Abkommen profitieren und eine teilweise oder vollständige Ausnahme bzw. ein Refunding hinsichtlich der Quellensteuer beantragen.

Von dem internationalen Gesichtspunkt und der Anwendbarkeit der entsprechenden DBA auf die Investmentvermögen ist es entscheidend zwischen den Typen der Investmentvermögen zu unterscheiden:

fcp
Die fcp sind generell vom Anwendungsbereich der DBA ausgenommen; dies beruht auf der steuerlichen Transparenz, die auf die fcp anzuwenden ist. Eine Ausnahme bildet das Abkommen mit Irland. Allerdings ist das Abkommen anwendbar auf den entsprechenden Investor. Dabei ist zu beachten, dass der Investor dasjenige DBA anwendet, das sich auf seine Ansässigkeit sowie auf das entsprechende Land, von dem das Investmentvermögen die Einkünfte erhält,

bezieht. Dies ist insbesondere von Bedeutung für sogenannte „Pension-Pooling"-Strukturen.

sicav/sicaf

Da diese Form des Investmentvermögens (kapitalgesellschaftsrechtliche Form) zwar generell keiner Besteuerung unterfällt, ist diese Struktur auch per se nicht berechtigt, von supranationalen Abkommen (DBA) zu profitieren. Allerdings kann eine sicav/sicaf von einem DBA dann profitieren, wenn die beiden Abkommenspartner dies vorsehen und/oder so bestimmen. Einige DBA sehen die sicav/sicaf als abkommensberechtigte Struktur und damit kann auch eine eventuelle Reduzierung und/oder Refunding von schon gezahlten Quellensteuern auf Dividenden und/oder Zinsen und zinsähnlicher Einkünfte erlangt werden.

Die luxemburgischen Investmentvermögen haben eine jährliche Subskriptionssteuer („taxe d'abonnement") zu leisten. Diese Steuer beläuft sich auf 0,01 % bzw. 0,05 % des Nettoinventarwertes des Fonds und muss durch den Fonds quartalsweise gezahlt werden (siehe auch Art. 129 des Gesetzes vom 20. Dezember 2002 bzw. Art. 174 des Gesetzes vom 17. Dezember 2010). Der Steuersatz, welcher anzuwenden ist, ist abhängig von der Art des Investments des Investmentvermögens sowie dem Typus des Investors. So beträgt diese Steuer nur 0,01 % bei zum Beispiel luxemburgischen Spezialfonds oder Publikumsfonds, die Geldmarktfonds sind. Um eine Art von doppelter Belastung zu vermeiden, wurden Investmentfonds in Form eines Dachfonds, das heißt eines Investmentfonds, der in andere Zielfonds investiert, von der Subskriptionsteuer auf den Wert der jeweiligen unterliegenden Zielfonds befreit. Daneben sind zum Beispiel auch „Pension-Pooling"-Investmentfonds von der Subskriptionsteuer befreit.

Beispiel

Ein Publikumsfonds (fcp oder sicav) hat einen Nettoinventarwert von 100 Mio. EUR zum Stichtag 31. März 2010. Ein Steuersatz von 0,05 % kommt zur Anwendung, woraus sich für das erste Quartal 2010 eine Subskriptionsteuer von 12.500 EUR errechnet.

Dies mag per se und bezogen auf den Gesamtwert des Fonds betrachtet nicht signifikant erscheinen, aber bei einer angenommenen Bruttorendite (Wachstum) des Investmentfonds von fünf Prozent pro Jahr macht die Subskriptionsteuer ein Prozent Belastung aus, sodass sich die Nettorendite allein schon diesbezüglich auf vier Prozent schmälert.

Unabhängig von der Realisierung einer Rendite des Investmentfonds ist die Subskriptionsteuer zu entrichten.

Seit dem 1. Januar 2009 wird ein Investmentvermögen auch nicht mehr mit einer einmaligen Gesellschaftsteuer von 1250 EUR bei Gründung/Initiierung belastet. Stattdessen wurde eine einmalige (Registrierungs-)Steuer, die sogenannte „Droit fixe spécifique d'enregistrement à titre rémunératoire", in Höhe von 75 EUR eingeführt.

6.3.2 fis

Vor dem Hintergrund des Spezialfondsmarktes vor allem in Deutschland war es angesichts der weiteren Entwicklung die luxemburgische Initiative verständlich, diese deutsche Domäne zu brechen und die Rahmenbedingungen zur Auflage und Verwaltung von Spezialfonds in Luxemburg wettbewerbsfähiger zu gestalten.

Seit dem 13. Februar 2007 gilt in Luxemburg ein neues Gesetz über spezialisierte Investmentfonds („fis" bzw. „fonds d'investissement spécialisés"). Dieses sieht eine Liberalisierung der Regelungen über Spezialfonds vor, was die Attraktivität des Fondstandortes Luxemburg weiter steigern soll. Aufgrund der wachsenden Bedeutung der Spezialfonds in Luxemburg sollen einige wesentliche Grundprinzipien im Folgenden dargestellt werden.

Ein wesentlicher Treiber zur Implementierung eines Spezialfondsgesetzes in Luxemburg war die auf der EU-Ebene veranlasste Modifizierung der Gesetzgebung für Investmentfonds durch die OGAW III-Richtlinie. Zuvor galt das alte luxemburgische Gesetz vom 19. Juli 1991 über die Organismen für gemeinschaftliche Anlagen, deren Anteile nicht der Öffentlichkeit angeboten werden dürfen, in Teilen auf das luxemburgische Gesetz vom 30. März 1988 (Umsetzung der OGAW I-Richtlinie in Luxemburg). Aufgrund des Auslaufens der Übergangsfrist bis zum 13. Februar 2007 zur Umsetzung in die neue OGAW III-Richtlinie mussten die alten Regelungen des Gesetzes vom 30. März 1988 basierend auf der OGAW I-Richtlinie außer Kraft gesetzt werden. Als Folge davon wären die Regelungen des Gesetzes vom 19. Juli 1991 wegen der Koppelung an das Gesetz vom 30. März 1988 nicht mehr anwendbar gewesen und eine Neuregelung für Spezialfonds war daher notwendig geworden.

Das luxemburgische Spezialfondsgesetz hat nun einen eigenen Gesetzesrahmen für Spezialfonds, komprimiert in einem einzigen Gesetzeswerk. Ziel war es, eine klare Abgrenzung und Trennung zu den öffentlich vertriebenen Investmentfonds (Gesetze vom 20. Dezember 2002 und 17. Dezember 2010) zu erreichen.

Zudem war es durch die Einführung der neuen Regelung möglich, dem Konzept des sogenannten „sachkundigen Anlegers" („Investisseur averti") Rechnung zu tragen. Zurückgehend auf das Weißbuch der EU-Kommission sollte der Anlegerkreis des Spezialfonds diesbezüglich erweitert werden. Positiver Effekt daraus war und ist die Stärkung des Fondsstandortes Luxemburg, der sich noch attraktiver und wettbewerbsfähiger gestaltet. Diese Regelungen des „sachkundigen Anlegers" finden sich schon im Gesetz zur sicar vom 15. Juni 2004 wieder (siehe unten).

Der luxemburgische Spezialfonds stellt ein leicht reguliertes und versteuerbares Multizweck-Anlagefondsvehikel dar, das alternative Anlagestrategien umfasst (zum Beispiel Immobilien, privates Beteiligungskapital, Infrastruktur, erneuerbare Energien, Hedges, Kunstfonds usw.). Mithin ist das luxemburgische Spezialfondsgesetz durch eine größere Flexibilität der Anlagepolitik, durch die Erweiterung des Anlegerkreises und durch ein erleichtertes aufsichtsrechtliches Regime geprägt. Den Luxemburger Spezialfonds zeichnen vor allem die Zugänglichkeit für einen weiten Kreis von Anlegern, bis hin zu „gut informierten" Privatanlegern (anders als in Deutschland, wonach ein Privatanleger, auch nicht der gut informierte und sachkundige, keinen Spezialfonds lancieren kann) und die bis auf die Verpflichtung zur Risikostreuung unbeschränkte Anlagefreiheit aus.

Das neue Gesetz über spezialisierte Investmentfonds beinhaltet auch keinerlei Einschränkungen in Bezug auf zulässigerweise erwerbbare Vermögensgegenstände. Bestimmte Fondstypen gibt es somit nicht. Voraussetzung ist lediglich, dass der Fondsmanager über die nötige Expertise in den jeweiligen Anlagesegmenten verfügen soll. Weitere Begrenzungen können sich aus selbst auferlegten Grenzen im Rahmen der Prospektgestaltung ergeben. Zwar ist gemäß Art. 1 Abs. 1 des Gesetzes vom 13. Februar 2007 der Grundsatz der Risikomischung einzuhalten. Durch das CSSF-Rundschreiben vom 3. August 2007 wurde dieser jedoch dahin gehend präzisiert, dass nicht mehr als 30 % der Aktiva oder Zeichnungsverbindlichkeiten eines spezialisierten Investmentfonds in Wertpapieren desselben Emittenten investiert werden dürfen. Auch im Hinblick auf Finanzierungsfragen existieren keine investmentrechtlichen Beschränkungen, insbesondere zur Frage der Fremdfinanzierung. Der Fonds kann also sowohl die Art der Finanzierungsmittel, zum Beispiel durch Gesellschafterfremdfinanzierung oder Fremdkapital, als auch die Quote der finanzierten Kaufpreisanteile frei bestimmen. Der luxemburgische Spezialfonds eignet sich daher besonders für Alternative Investments.

Anders als beispielsweise in Deutschland ist auch keine Verpflichtung zur jederzeitigen Rücknahme der Anteile vorgesehen. Spezialisierte Investmentfonds nach Luxemburger Recht können somit sowohl offen als auch geschlossen ausgestaltet sein. Sofern eine Rücknahme von Anteilen vorgesehen ist, muss dies ebenso wie die Modalitäten hierfür und die Bedingungen für eine Aussetzung der Anteilsrücknahme in der Satzung oder dem Gesellschaftsvertrag geregelt werden. Das neue Gesetz bestimmt auch den Rahmen, innerhalb dessen die spezialisierten Investmentfonds nach Luxemburger Recht der behördlichen Aufsicht durch die CSSF unterliegen. Auch die Ausübung der Geschäftstätigkeit bedarf einer Erlaubnis durch die CSSF, die Geschäftstätigkeit kann aber schon vor Erteilung der Erlaubnis aufgenommen werden.

Durch die neuen Regelungen wurde auch der Kreis der zur Anlage berechtigten Personen erweitert. Neben institutionellen Anlegern sind nun auch natürliche und juristische Personen unter bestimmten Voraussetzungen zur direkten Anlage berechtigt, was dieses Vehikel auch für HNI („High Networth Individuals"), Family Offices und sonstige Privatpersonen interessant macht. Dies setzt aber eine besondere Sachkunde voraus, die durch eine schriftliche Erklärung des Kunden, mit der Behandlung als sachkundige Person einverstanden zu sein, bestätigt werden muss. Dazu ist eine Mindestinvestitionssumme von 125.000 EUR oder die Bescheinigung eines Kreditinstituts, einer Verwaltungsgesellschaft oder einer Wertpapierfirma erforderlich, dass der Anleger aufgrund seines Sachverstandes zu einer Einschätzung der Anlage in einen spezialisierten Investmentfonds fähig ist.

Der luxemburgische Spezialfonds fis kann von der rechtlichen Seite wie folgt strukturiert werden:

- Der Spezialfonds fis kann als fcp, sicav oder als sicaf strukturiert werden.
- Als mögliche Rechtsformen kommen in Betracht:
  - Aktiengesellschaft, s.a. („société anonyme"),
  - GmbH, s.à r.l. („société à responsabilité limitée"),
  - Kommanditgesellschaft auf Aktien, s.c.a. („société en commandite d'actions") oder
  - Genossenschaft in der Form der Aktiengesellschaft, s.c.o.s.a. („société coopérative organisée comme une société anonyme")
  - Daneben ist auch eine Ausgestaltung als einfache Kommanditgesellschaft („société en commandite simple", s.c.s.) und spezielle Kommanditgesellschaft („société en commandite spéciale", s.c.sp.) sehr erfolgreich
- Der satzungsmäßige Sitz der Verwaltungsgesellschaft oder Investmentgesellschaft sowie der Hauptverwaltung müssen in Luxembourg sein.
- Unter der Verwaltung des luxemburgischen Spezialfonds versteht man die folgenden Dienstleistungen:
  - Domizilierungsstelle und Generalsekretariat,
  - Buchhaltung und Nettoinventarwertberechnung, Erstellung der Jahresberichte und Berichterstellung an die Finanzaufsichtsbehörde und
  - Transfer- und Registerstelle.
- Das Portfoliomanagement eines Luxemburger Spezialfonds kann an ausländische Unternehmen delegiert werden.

- Mitglieder des Verwaltungsrats des Fonds oder der Managementgesellschaft (im Falle eines fcp) müssen einen Leumund sowie ihre Berufserfahrung in Bezug auf das Spezialfonds-Profil nachweisen.
- Der Spezialfonds in der juristischen Form des fcp ist durch eine Verwaltungsgesellschaft nach Teil IV, Kapitel 15 oder 16 des Gesetzes vom 17. Dezember 2010 zu verwalten.
- Der Spezialfonds kann als Umbrella-Fonds mit mehreren Teilfonds und/oder verschiedenen Anteilklassen gegründet werden.
- Die Verwahrung der Vermögenswerte muss einem Verwahrer mit satzungsmäßigem Sitz in Luxemburg übertragen werden, das heißt, die Vermögensgegenstände eines Luxemburger Spezialfonds müssen bei einer Luxemburger Depotbank aufbewahrt werden. Seine Haftung beschränkt sich auf erlittene Schäden der Anteilinhaber/Aktionäre, die durch eine schuldhafte Nicht- oder Schlechterfüllung seiner Aufgaben verursacht werden.
- Der Jahresbericht des Spezialfonds ist von einem in Luxemburg zugelassenen Wirtschaftsprüfer („Réviseur d´entreprises") prüfen zu lassen.
- Spätestens zwölf Monate nach Genehmigung durch die CSSF muss das Fondsvermögen mindestens 1.250.000 EUR betragen. Im Fall der SICAV müssen die ausgegebenen Aktien in vollem Umfang gezeichnet sein, aber nur fünf Prozent des gezeichneten Kapitals müssen bar oder durch Sacheinlage erbracht werden.
- Im Namen ist der Hinweis „Spezialfonds", „spezialisierter Investmentfonds" etc. mit aufzunehmen, zum Beispiel „sicav-fis" oder „fcp-fis".
- Eine Börsennotierung ist möglich.

Als Anlegertypen im Sinne des Spezialfondsgesetzes kommen die folgenden „sachkundigen Anleger" infrage:

- institutionelle Anleger,
- professionelle Anleger oder
- gut informierte Anleger.

Unter den Begriff der „gut informierten Anleger" fallen solche Anleger, die schriftlich ihren Status als erfahrener Anleger erklären müssen und mindestens 125.000 EUR in einen Spezialfonds investieren oder sich von einem Kreditinstitut, einer Verwaltungsgesellschaft oder einer Wertpapierfirma bescheinigen lassen, dass sie aufgrund ihres Sachverstandes, Erfahrungen und Kenntnisse zu einer Einschätzung der Anlage in einen spezialisierten Investmentfonds fähig sind.

6.3 Investmentvehikel und investmentähnliche Vehikel

Hinsichtlich der Genehmigung und der Aufsicht eines Spezialfonds nach dem aktuellen Gesetz vom 13. Februar 2007 sind folgende Punkte zu beachten:

- Spezialfonds bedürfen zur Geschäftsaufnahme der Genehmigung durch die luxemburgische Finanzaufsicht CSSF.
- Die Verwaltungsgesellschaft (im Falle eines fcp) bzw. die Direktoren einer sicav/sicaf (sogenannte „Dirigeants") sowie die Depotbank sind zu genehmigen.
- Die Genehmigung wird durch die CSSF erteilt, nach Prüfung der Gründungsdokumente und der Verwahrstelle.
- Die Bestellung eines Promotors ist nicht erforderlich.
- Es bedarf keiner Genehmigung des Anlageverwalters durch die CSSF.
- Die Leiter des Spezialfonds sowie die Leiter der Verwahrstelle müssen die erforderliche Ehrenhaftigkeit und ihre berufliche Eignung nachweisen.
- Ein fis hat ein geeignetes Risikomanagementsystem zu etablieren und vorzuhalten.
- Ein fis kann bestimmte Aufgaben und Obligationen an eine dritte Partei auslagern und delegieren.
- Es bestehen Erleichterungen hinsichtlich des Prospektes und der weiteren Unterlagen (diese können nun auch in Englisch verfasst werden, ohne in Deutsch oder Französisch übersetzt werden zu müssen).
- Cross Investments zwischen den einzelnen Sub-Fonds sind möglich.

Bezüglich der möglichen Anlagepolitik sei angemerkt, dass luxemburgische Spezialfonds grundsätzlich in alle Arten von Anlagen, also traditionelle oder alternative, wie zum Beispiel in übertragbare Wertpapiere, Money Market Funds, Immobilien (-Fonds), Hedge Fonds und Private Equity (-Fonds) etc. investieren können. Auf das Risikostreuungsprinzip von 30 % sei nochmals hingewiesen.

Die Veröffentlichungs- und Berichtspflichten können wie folgt zusammengefasst werden:

- Für jeden Spezialfonds ist ein Verkaufsprospekt zu erstellen. Das Emissionsdokument muss aufgrund seiner Informationen dem Anleger Rückschlüsse auf die Anlagepolitik und die Anlagerisiken erlauben. Eine Verpflichtung zur Veröffentlichung dieses Emissionsdokuments besteht nicht. Falls bereits ein Prospekt nach dem Gesetz vom 10. Juli 2005 über den Prospekt von Wertpapieren erstellt wurde, entfällt die Verpflichtung zur Erstellung eines Emissionsdokumentes.

- Für jedes Geschäftsjahr ist ein Jahresbericht zu erstellen. Der Jahresbericht muss spätestens sechs Monate nach Abschluss des Geschäftsjahres dem Anleger zur Verfügung gestellt werden. Der Jahresbericht ist nach einem vorgegebenen Schema zu erstellen. Er muss eine Bilanz oder eine Vermögensaufstellung, eine Gewinn- und Verlustrechnung, Erläuterungen zum Geschäftsjahr sowie zusätzliche Informationen zur Beurteilung der Geschäftsentwicklung und der Ergebnisse des Spezialfonds enthalten.
- Keine Verpflichtung zur Erstellung eines Halbjahresberichtes.
- Keine Verpflichtung zur Erstellung eines Long-Form-Report nach CSSF-Rundschreiben 2002/81.
- Keine Verpflichtung zur Konsolidierung der zur Anlagezwecken im Portfolio gehaltenen Gesellschaften.
- Keine Notwendigkeit zur Publizierung des Nettoinventarwertes.

Bezüglich der Nettoinventarwertermittlung sowie Zeichnungen und Rücknahmen können folgende Punkte angeführt werden:

- Mindestens einmal im Geschäftsjahr ist ein Nettoinventarwert zu errechnen. Die Bewertung der Vermögensgegenstände erfolgt im Regelfall zum Marktwert.
- Flexible Handhabung hinsichtlich der Ausgabe und Rücknahme von Anteilen/Aktien.
- Ausgabepreis und Nettoinventarwert müssen nicht unbedingt identisch sein.
- Die Wahl der Bewertungsmethode für Vermögenswerte ist frei.

Auf die Kriterien der Besteuerung soll nur kurz eingegangen werden:

- Es besteht eine Wahl zwischen steuerlich transparenter Form (fcp) und Unternehmensform (sicav/sicaf) je nach Anforderungen des Anlegers.
- Der Spezialfonds begründet in Luxemburg grundsätzlich keine Ertragsteuerpflicht.
- Grundsätzlich fällt der Spezialfonds nicht in den Anwendungsbereich der EU-Zinsrichtlinie.
- Die taxe d'abonnement beträgt jährlich 0,01 %. Bemessungsgrundlage der taxe d'abonnement ist das gesamte Nettovermögen des Spezialfonds. Bestimmte Anlagen können ausgeschlossen werden (zum Beispiel Rentenfondsmedium und Dachfonds für luxemburgische Fonds).
- Aus der Gründung der Unternehmensform entsteht keine Kapitalschuld (mit Ausnahme einer Gründungsgebühr von 75 EUR).

- Der luxemburgische Spezialfonds ist von einer Vermögensteuer ausgenommen.
- Spezialfonds in der Form einer sicav/sicaf können die und die Vorteile bestimmter durch Luxemburg abgeschlossener Doppelbesteuerungsabkommen in Anspruch nehmen.
- Es besteht eine Umsatzsteuer-Befreiung für Verwaltungsleistungen.

Durch die neuen rechtlichen Rahmenbedingungen konnte Luxemburg somit erfolgreich seine Stellung als Nummer 1 für Fondsanlagen in Europa ausbauen. Der Luxemburger Spezialfonds kann ein interessantes Vehikel sein, gerade für die Initiatoren alternativer Investment-Vehikel sowie für kleinere Family Offices, die nicht in der Lage sind, genügend Anlagevolumen für eine Vorschaltgesellschaft aufzubringen. Die Domäne der deutschen Spezialfonds für in Deutschland regulierte institutionelle Anleger wird der luxemburgische Spezialfonds allerdings nicht brechen können. Es wird abzuwarten sein, inwieweit der deutsche Gesetzgeber die Anlagevorschriften dem Luxemburger Spezialfondsmodell angleichen wird.

Letztlich lässt sich festhalten, dass ein luxemburgischer Spezialfonds ein von der Luxemburger Finanzaufsichtsbehörde geregelten Investmentfonds handelt. Gegenüber einem Publikumsfonds unterscheidet sich der Luxemburger Spezialfonds insbesondere in folgenden Bereichen:

- höhere Flexibilität bei der möglichen Anlagepolitik und bei der Auswahl der Rechtsform,
- schnellere Auflegung und Zulassung in Luxemburg und
- geringere Kosten und geringere Besteuerung

6.3.3 sicar

Innerhalb Kontinentaleuropas besteht durchaus Bedarf nach einem Äquivalent zu anglo-amerikanischen Strukturen (vor allem Limited Partnerships), welche Venture Capital und Private Equity zum Gegenstand haben. Die sicar („société d'investissement en capital à risque") kann in einer Weise aufgesetzt werden, dass trotz einer Beaufsichtigung und (leichten) Regulierung durch die Finanzaufsicht, sowohl für den Promotor/Initiator der sicar als auch für den Investor die optimale Struktur und Vehikel gefunden werden kann, die allen Ansprüchen gerecht wird.

Mit der Möglichkeit einer sicar wird seit der Einführung des entsprechenden Gesetzes im Jahr 2004 die Lücke zwischen voll regulierten Investmentfonds nach dem Gesetz vom 20. Dezember 2002 und den nicht regulierten, aber steuerlich privilegierten Finanzierungsgesellschaften wie zum Beispiel die soparfi („société de participations financières"), geschlossen.

Da es sich bei der sicar um eine „Onshore"-Struktur handelt, kann diese in den Anwendungsbereich von EU-Richtlinien fallen und an entsprechenden DBA partizipieren.

Abb. 6.4 zeigt die vereinfachte Struktur einer sicar.

Luxemburg hat dem Vehikel der sicar einen rechtlichen Rahmen mit dem entsprechenden Gesetz vom 15. Juni 2004 gegeben, das beabsichtigt, Strukturen zu gründen und zu betreiben, die sich hauptsächlich in Investitionen in Venture Capital und Private Equity bewegen. Darüber hinaus ist aber auch eine Investitionsmöglichkeit in Immobilien(-gesellschaften) wie auch in an der Börse notierte Unternehmen möglich. Die sicar kann unter bestimmten Voraussetzungen ihre Anteile auch an der Börse notieren lassen.

Andere Strukturen, wie zum Beispiel Investmentfonds, sind durch ihre strikte Anwendung des Gesetzes vom 20. Dezember 2002 und Regelungen der CSSF an Investmentrestriktionen gebunden, die einen solchen Fonds nahezu uninteressant für Investoren machen. Daneben ist auch das „Schachtelprivileg", basierend auf der Mutter-Tochter-Richtlinie, meist auf Venture-Capital- und Private-Equity-Gesellschaften nicht anwendbar, da in den meisten Fällen die Zehn-Prozent-Grenze bezüglich der Mindestbeteiligung nicht erfüllt sein wird.

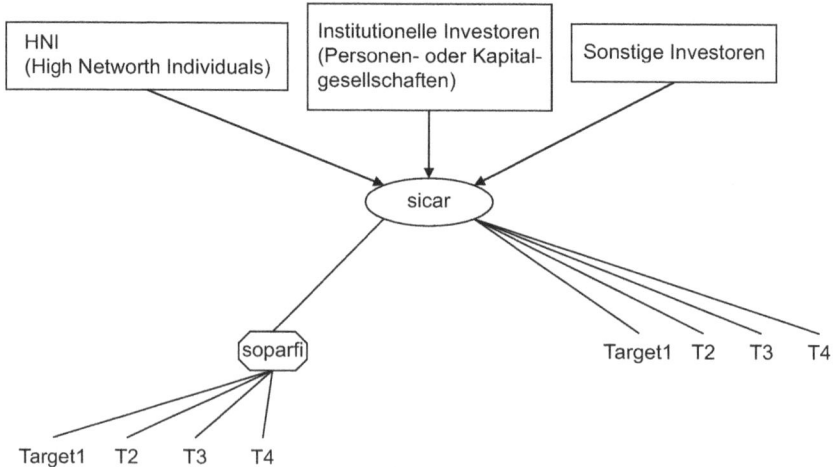

Abb. 6.4 sicar. (Eigene Darstellung)

6.3 Investmentvehikel und investmentähnliche Vehikel

Nach dem Gesetz bieten sich vom gesellschaftsrechtlichen Typus die folgenden Möglichkeiten, eine sicar zu gründen:

- Kapitalgesellschaft
  - s.a. („société anonyme")
  - s.à r.l. („société à responsabilité limitée")
  - s.c.a. („société en commandite d'actions")
  - s.c.o.s.a. („société coopérative organisée comme une société anonyme")
- Personengesellschaft
  - s.c.s. („société en commandite simple")

Laut des Gesetzes bedarf es keiner Risikodiversifizierung bei der Anlage. Auch Anlagerestriktionen oder Begrenzungen beim Leverage-Effekt sind bei dieser Struktur nicht einzuhalten. Die von den Investmentfonds her bekannte „Institution" des „Promotors" ist für eine sicar nicht erforderlich. Die Möglichkeit der Schaffung von „Teilfonds" (Compartements und eine sogenannte „Umbrella"-sicar) ist mit der Neufassung des sicar-Gesetzes eingerichtet worden. Danach ist es erlaubt, nur einzelne Teilfonds ohne die sicar per se zu liquidieren.

Die sicar investiert vor allem in risikobehaftete Investitionen (Vermögensgegenstände). Eine eindeutige, klare Definition liegt allerdings im Gesetz nicht vor. Die CSSF hat sich indessen um eine Klärung bemüht und zwei klare Kriterien diesbezüglich herausgestellt:

Investmentrisiko
Das Risiko des Investments ist höher als das übliche Geschäftsrisiko.

Intention der Realisierung des Investments
Es muss klar erkennbar sein, dass das Investment entwickelt wird und danach zum Beispiel durch Veräußerung oder „Public Offer" realisiert wird.

Klassischerweise wird man Venture Capital (also Biotechnologie, Telekommunikation, Start-up-Unternehmen etc.) sowie Private Equity Targets unter diese Bedingungen subsumieren können. Allerdings qualifizieren Mezzanine-Finanzierungen, Distressed-Debt-Strukturen und Immobilieninvestments nur unter den Voraussetzungen des genannten CSSF-Rundschreibens und unter einer Einzelfallbetrachtung und Genehmigung der CSSF als Vermögensgegenstände einer sicar.

Die sicar kann nur an gut informierte Anleger („Sophisticated Investors"), wie zum Beispiel institutionelle und professionelle Anleger oder private Anleger, die die notwendigen Voraussetzungen erfüllen (mindestens 125.000 EUR investieren und eine schriftliche Bestätigung eines luxemburgischen Finanzinstituts bezüglich der Kenntnis und Erfahrung des höheren Risikos beim Investment), vertrieben werden. Auch an andere Kapitalgesellschaften kann die sicar vertrieben werden.

Das Mindestkapital der sicar beläuft sich auf eine Million Euro. Es muss innerhalb von zwölf Monaten nach Erlaubniserteilung durch die CSSF („Commission de Surveillance du Secteur Financier") erreicht werden. Nur fünf Prozent des Kapitals muss eingezahlt werden. Wenn die sicar wie ein Investmentfonds in dem Typus einer Gesellschaft errichtet ist, wird die sicar-Gesellschaft mit ihrem Kapital wie ein Fonds behandelt (das heißt, es können Netto-Inventarwerte gerechnet werden, die das Kapital der sicar-Gesellschaft reflektieren). Grenzen hinsichtlich der Fremdkapitalisierung („Thin-Capitalization-Rules") bestehen bei der sicar nicht. Es gibt keine gesetzlichen Anforderungen zur Reservebildung. Eine Sacheinlage ist möglich. Die sicar muss jährlich von einem Wirtschaftsprüfer geprüft werden und einen Jahresbericht innerhalb von sechs Monaten nach dem Geschäftsjahresende veröffentlichen (an die CSSF und die Investoren).

Die Zentralverwaltung einer sicar und das zentrale Management müssen in Luxemburg allokiert sein. In den Fällen, in denen ein regulatorischer/gesellschaftsrechtlicher Punkt nicht in dem Gesetz für die sicar geregelt ist, kommt das luxemburgische Gesellschaftsrecht vom 10. August 1915 zur Anwendung. Besondere Regelungen hinsichtlich einer Zwischenausschüttung/Interimsdividende sind nicht zu berücksichtigen. Eine Konsolidierungsbilanz braucht nicht erstellt zu werden. Darüber hinaus bestehen keine gesetzlichen Beschränkungen bezüglich Rücknahme, der zusätzlichen Zeichnung von Anteilen etc. Eventuelle Beschränkungen können sich allerdings aus dem Prospekt und/oder der Satzung (Statuten) der sicar ergeben.

Ähnlich einem Investmentfonds, muss die sicar eine Depotbank in Luxemburg nach luxemburgischen Recht benennen, die sich um die Verwahrung der Vermögenswerte kümmert und von der sicar unabhängig im besten Interesse für die Investoren agiert.

Die sicar wird von der luxemburgischen Finanzaufsicht beaufsichtigt. Diese wird auch sicherstellen, dass die Geschäftsführer der Muttergesellschaft oder Komplementärgesellschaft (wie zum Beispiel die der s.à r.l.) die entsprechende Erfahrung haben und gut beleumundet sind. Daneben genehmigt die CSSF die Satzung/Statuten der sicar wie auch die Depotbank und die Geschäftsführer (Direktoren) der sicar.

6.3 Investmentvehikel und investmentähnliche Vehikel

▶ Die CSSF wird in der Regel nicht die Personen selbst hinsichtlich der Tätigkeit in der sicar autorisieren, sondern nur ein verstärktes Augenmerk auf die beauftragten und benannten Investment Manager und Adviser, die Komplementär(-gesellschaft) per se etc., legen.

Die Beteiligten in Luxemburg, wie zum Beispiel CSSF, Depotbanken, Zentralverwaltungsstelle, Investment Manager/Adivser wie auch die Steuerbehörden haben langjährige Erfahrungen hinsichtlich Private-Equity-Strukturen und hier liegt auch die Stärke in der Schnelligkeit der Genehmigungserlangung der entsprechenden sicar-Struktur. Während es in anderen Ländern einige Monate, ja sogar Jahre dauern kann, eine Private-Equity-Struktur aufzulegen, ist dies in Luxemburg innerhalb weniger Wochen/weniger Monate (je nach Komplexität) möglich.

Nicht unterschätzen sollte man, dass die sicar als Vehikel der (wenn auch „leichten") Aufsicht einer Finanzbehörde (CSSF) unterliegt, die der deutschen Bundesanstalt für Finanzdienstleistungsaufsicht (BaFin) ähnlich ist und somit dem Anleger zusätzliche Sicherheit bietet.

Beispiel
Hier ein paar typische Beispiele für die einer sicar unterliegenden Investments:

- Cleantech (zum Beispiel Wald/Holz, Biogas, Wind, Solarenergie, Carbon Rights etc.)
- Illiquide Assets (zum Beispiel Wein, Diamanten, Schiffe, Fußballspieler, Kunstgegenstände etc.)

In Bezug auf die direkte Besteuerung ist die sicar als eine in Luxemburg inkorporierte Gesellschaft gemäß Art. 159 LIR Gegenstand der Körperschaftsteuer und Gewerbesteuer.

Die Einkünfte der sicar aus den unterliegenden Vermögensgegenständen (zum Beispiel Aktien, Anleihen etc. und auch Finanzinstrumente wie Optionen, Warrants etc.), die diese vereinnahmt, sind von einer Besteuerung ausgenommen. Von dieser Ausnahme sind auch die Erlöse/Einkünfte aus Veräußerung, Liquidation etc. erfasst. Auf der anderen Seite allerdings gilt es zu beachten, dass Verluste aus Veräußerungen und Wertkorrekturen der unterliegenden Vermögensgegenstände nicht mit steuerbaren Einkünften verrechnet werden können. Zinseinkünfte sind bis zu zwölf Monate steuerfrei, falls die Geldposition für spätere Investments gedacht ist; sonstige Einkünfte (sowie Zinseinkünfte nach zwölf Monaten generiert), die keine Konnektivität zu den Investments in der sicar haben, sind der Einkommensteuer zu unterwerfen.

Die sicar ist ähnlich wie andere Kapitalsammelvehikel von der Vermögensteuer ausgenommen. Durch entsprechende steuerplanerische Aktivität ist es möglich, dass die sicar nahezu ganz von einer Besteuerung ausgenommen werden kann.

Eine sicar, die in der Rechtsform einer s.c.s. (Personengesellschaft) gegründet wurde, ist für steuerliche Zwecke als steuertransparent in Luxemburg anzusehen und wird nicht mit einer Gewerbesteuer belastet. Darüber hinaus gilt eine sicar in Form der Scs für ihre Investoren nicht als eine in Luxemburg ansässige Gesellschaft.

Luxemburgische Gesellschaften, die wiederum von einer sicar Einkünfte erzielen (zum Beispiel Dividendenausschüttungen etc.) sind steuerpflichtig unter den üblichen luxemburgischen Regeln. Dies bedeutet aber auch, dass unter Anwendung des „Schachtelprivilegs" der Mutter-Tochter-Richtlinie die erhaltenen Dividendeneinkünfte und Veräußerungsgewinne steuerfrei gestellt werden können.

▶ In solchen Fällen kann es ratsam sein, dass nicht in Luxemburg ansässige Investoren die sicar über eine soparfi halten, um vom „Schachtelprivileg" zu profitieren.

Die sicar wiederum kann auch über eine soparfi strukturiert sein, um die sicar-eigenen Investments/Vermögensgegenstände steuereffizient zu gestalten.

Sowohl in Luxemburg als auch nicht in Luxemburg ansässige Investoren sind darüber hinaus von einer Quellenbesteuerung von Dividendenzahlungen einer sicar in der Gesellschaftsform einer Kapitalgesellschaft ausgenommen. Eventuelle Zinszahlungen fallen höchstens in den Anwendungsbereich der EU-Zinsrichtlinie. Eine Liquidation einer sicar – unabhängig von der rechtlichen Form der sicar – zieht keine Besteuerung der Liquidationserlöse nach sich.

Durch das sicar-Gesetz wurde auch Art 156 Abs. 8 LIR abgeändert in der Weise, dass auch nicht in Luxemburg ansässige Investoren nicht mit einer Besteuerung der realisierten Gewinne durch die Veräußerung der sicar selbst belastet werden.

Hinsichtlich der indirekten Besteuerung der sicar wird diese seit dem 1. Januar 2009 auch nicht mehr mit einer einmaligen Gesellschaftsteuer von 1250 EUR bei Gründung/Initiierung belastet. Stattdessen wurde eine einmalige (Registrierungs-)Steuer, die sogenannte „Droit fixe spécifique d'enregistrement à titre rémunératoire", in Höhe von 75 EUR eingeführt. Die sicar ist auch von der luxemburgischen Vermögensteuer befreit. Grundsätzlich fällt die sicar unter luxemburgischen Gesichtspunkten in den Anwendungsbereich der Umsatzsteuer. Es ist allerdings in einer Fall-zu-Fall-Beurteilung zu entscheiden, ob die sicar sich für umsatzsteuerliche Zwecke registrieren lassen soll oder nicht. Managementservices, die an die sicar erbracht werden und die für die sicar selbst bestimmt sind, sind von einer Umsatzbesteuerung befreit.

Von der internationalen Besteuerung gesehen, kann eine sicar von den DBA profitieren, vor allem dann, wenn sie in der rechtlichen Form einer Kapitalgesellschaft geführt werden. Auch eine sicar in der Form der scs kann in den Anwendungsbereich eines DBA fallen zumindest auf der Ebene des Endinvestors, da die scs als Personengesellschaft eine steuerlich transparente Gesellschaft ist, kann ein DBA zumindest auf jener Ebene angewendet werden. Auf Anfrage kann die luxemburgische Steuerverwaltung eine Zertifikat mit Ansässigkeit und Steuerstatus der sicar ausstellen.

6.3.4 Verbriefungsgesellschaft

Durch die Einführung der Verbriefungsgesellschaft/Verbriefungsvehikel im Jahre 2004 wurde das regulatorische und steuerrechtliche Umfeld geschaffen, um

- den luxemburgischen Kapitalmarkt durch Verbriefungsvehikel und Transaktionen zu stärken,
- Intra-Gruppen-Verbriefungstransaktionen zu ermöglichen und
- die Kombination von beidem zu gewährleisten.

Das Ziel des Gesetzes lässt sich wiederum in drei Hauptpunkten zusammenfassen:

- Gewährleistung eines hohen Maßes von Flexibilität bei der Strukturierung von Verbriefungen und Transaktionen über Luxemburg,
- hohe Investorensicherheit und rechtliche Sicherheit sowie
- steuerrechtliche Neutralität der Verbriefungen in Luxemburg.

Allgemein wird unter einer Verbriefung verstanden, dass traditionelle Vermögensgegenstände zusammengefasst und an eine speziell für diesen Zweck agierende dritte Person (Verbriefungsvehikel oder SPV, Special Purpose Vehicle) veräußert werden. Das Verbriefungsvehikel refinanziert sich durch die Emission von Wertpapieren (Aktien oder Anleihen), die an die Investoren weitergegeben werden. Abb. 6.5 zeigt die vereinfachte Struktur eines Verbriefungsvehikels.

Aus der Darstellung in Abb. 6.5 wird auch ersichtlich, dass es, wenn man über Verbriefungen in Luxemburg spricht, hauptsächlich um die Ansässigkeit des Verbriefungsvehikels (Zweckgesellschaft) geht und dass alle anderen Parteien nicht in Luxemburg ansässig sind.

Luxemburg steht im Bereich der Verbriefungsvehikel (Zweckgesellschaft) im Wettbewerb innerhalb Europas (Irland, Niederlande) wie auch mit außereuropäischen Staaten (zum Beispiel den Cayman Islands etc.).

Maßgeblich für die Verbriefungsstrukturen ist das entsprechende Gesetz vom 22. März 2004. Danach ist die Verbriefung ein Geschäft, bei dem ein Verbriefungsorganismus, direkt oder mittels eines anderen Vehikels, Risiken, die sich auf Forderungen Dritter gegenüber anderen Personen als den Verbriefungsorganismus selbst, andere Güter und Verpflichtungen von Dritten beziehen sowie Risiken, die sich ganz oder teilweise aus Geschäften Dritter ergeben, mittels Wertpapieremissionen, deren Wert oder Ertrag von diesen Risiken abhängt, erwirbt oder übernimmt.

Ausgehend von den entsprechenden Regeln für Investmentfonds ist es möglich, eine Verbriefungsstruktur in der Gesellschaftsform, die wiederum reguliert oder nicht reguliert sein kann, oder als Investmentfonds (der dann von der taxe d'abonnement befreit ist und nicht in den Anwendungsbereich des

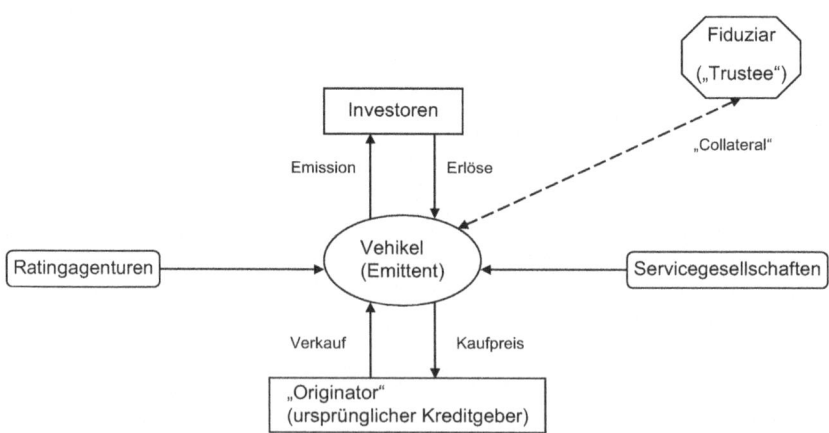

Abb. 6.5 Verbriefungsvehikel. (Eigene Darstellung)

6.3 Investmentvehikel und investmentähnliche Vehikel

Fondsgesetzes vom 20. Dezember 2002 fällt) aufzulegen. Die Emissionen der Verbriefungsstruktur können unter bestimmten Voraussetzungen an der Börse notiert werden.

Nach dem Gesetz bieten sich vom gesellschaftsrechtlichen Typus her die folgenden Möglichkeiten, eine Verbriefungsgesellschaft zu gründen:

- Kapitalgesellschaft
  - s.a. („société anonyme")
  - s.à r.l. („société à responsabilité limitée")
  - s.c.a. („société en commandite d'actions")
  - s.c.o.s.a. („société coopérative organisée comme une société anonyme")
- Personengesellschaft ist nicht möglich

Hinzuweisen ist in diesem Zusammenhang darauf, dass eine Verbriefungsstruktur in der Form einer s.à r.l. keine Wertpapiere emittieren darf und/oder nicht an der Börse notiert werden kann.

Die Verbriefungsgesellschaft ist eine sogenannte „Orphan Company", das heißt, sie weist keinerlei rechtliche Konnektivität zum „Originator" oder „Arranger" auf.

Das Gesetz definiert eine Verbriefungsstruktur als eine solche, die durch Verbriefungstransaktionen gekennzeichnet ist. Das Gesetz findet nur Anwendung auf Verbriefungen, die in Luxemburg selbst allokiert sind, das heißt, maßgebend ist der satzungsmäßige Sitz der Verbriefungsgesellschaft bzw. der satzungsmäßige Sitz der Managementgesellschaft, falls die Verbriefungsstruktur als Investmentfonds aufgelegt ist. Die Verbriefungsgesellschaft kann mehrere Teilvermögen (Compartements) haben. Danach ist es erlaubt, nur Teilstrukturen der Verbriefung oder die gesamte Verbriefungsstruktur zu liquidieren.

Damit bei einer Insolvenz der Verbriefung oder des „Originators" nicht die gesamte Verbriefungsstruktur betroffen wird, können die entsprechenden unterliegenden und verbrieften Vermögensgegenstände und Risiken abgesichert werden. Dies wird üblicherweise per Vertrag geregelt (sogenannte „Bankrupty Remoteness"). Diese Regel gibt dem Investor eine erweitere Sicherheit.

Ferner definiert das Gesetz auch, was unter einer entsprechenden Transaktion zu verstehen ist. Mithin sind alle Transaktionen einer Verbriefungsstruktur zu verstehen, welche als Gegenstand die direkte oder indirekte Akquisition von Risiken bezogen auf

- Forderungen, Assets, Verbindlichkeiten oder andere Vermögensgegenstände oder
- Verpflichtungen und Verbindlichkeiten einer dritten Partei oder

- alle oder Teile von wirtschaftlichen Aktivitäten einer dritten Partei

haben und weiterhin entsprechende Wertpapiere, deren Wert oder Yield/Zins an eben diese Risiken gekoppelt sind, emittieren.

Die Risiken, die dabei auf die Verbriefungsstruktur transferiert werden, können verschiedener Natur sein, zum Beispiel Mobilien, Immobilien, materielle und immaterielle Vermögensgegenstände etc. Die Risiken, die von einer Verbriefungsstruktur gehalten werden, können mannigfaltig sein:

- Kauf der entsprechenden Vermögensgegenstände,
- Eingehen einer Garantie für die Verbindlichkeiten,
- Eingehen einer Verpflichtung in jeder anderen Form.

Mithin werden zwei Arten der Verbriefungstransaktion unterschieden:

- „True-Sale"-Transaktion: Der ursprüngliche Kreditgeber („Originator") verkauft die Vermögensgegenstände an das Verbriefungsvehikel.
- Synthetische Transaktion: Der ursprüngliche Kreditgeber („Originator") kauft Sicherheiten gegen die Kreditrisiken von dem Verbriefungsvehikel durch eine Serie von Kreditderivaten.

Eine Verbriefungsstruktur in der gesellschaftsrechtlichen Form unterliegt dann der Aufsicht der CSSF und muss genehmigt werden, falls die Wertpapiere der allgemeinen Öffentlichkeit (also kein Private Placement), und mit mehreren – auf regelmäßiger Basis – Emissionen versehen, angetragen werden. In diesen Fällen ist es auch erforderlich, dass eine luxemburgische Depotbank die Verwahrung der Geldpositionen und Vermögensgegenstände übernimmt. Die Anforderungen an das Genehmigungs- und Aufsichtsverfahren sind ähnlich der eines Investmentfonds.

Verbriefungsgesellschaften, die allerdings keine öffentlichen Emissionen generieren, also nur Private Placement betreiben, oder einen öffentlichen Vertrieb auf einer unregelmäßigen Basis und keine weiteren Emissionen generieren, bedürfen keiner Aufsicht der CSSF. Dies gilt auch für den Fall, dass nur eine Emission, aber mit mehreren Tranchen getätigt wird.

Das Verbriefungsgesetz hat die Möglichkeit, aber nicht die Verpflichtung eröffnet, dem Investor ein Instrument an die Hand zu geben, einen Repräsentanten zu ernennen, der die Wahrung der Interessen der Investoren überprüft. Dieser Repräsentant muss dann eine von der CSSF qualifizierte, beaufsichtigte Institution sein, die dann im Namen und im Auftrag der Investoren auftritt. Daneben

6.3 Investmentvehikel und investmentähnliche Vehikel

kann aber auch ein Fiduziar oder Trustee aktiv werden, der dann im eigenen Namen, aber im Auftrag der Investoren tätig sein wird.

In den Fällen, in denen die Verbriefungsgesellschaft als Investmentfonds aufgelegt ist, richtet sich die Besteuerung nach den Vorgaben für Investmentfonds analog, ohne allerdings, dass die taxe d'abonnement für anwendbar erklärt wird. Auch hier muss wieder die eventuelle Zinszahlung beachtet werden, die eventuell in den Anwendungsbereich der EU-Zinsrichtlinie fällt.

In Bezug auf die direkte Besteuerung ist das Verbriefungsvehikel als eine in Luxemburg inkorporierte Gesellschaft gemäß Art. 159 LIR Gegenstand der Körperschaftsteuer und Gewerbesteuer, das heißt, zurzeit wird diese mit 28,59 % Steuern für Luxemburg Stadt belastet.

Zusagen und feste Absichten an die Anteileigner (Aktionäre, falls Aktien ausgegeben worden sind) bzw. die Gläubiger (falls Inhaberschuldverschreibungen, Bonds emittiert wurden), zum Beispiel Vorzugsdividenden oder Zinsen auszukehren, sind voll steuerlich abzugsfähig. Mit anderen Worten wird eine luxemburgische Verbriefungsgesellschaft in den seltensten Fällen mit einer Körperschaftsteuer belastet werden, da alle Verbindlichkeiten der Verbriefungsgesellschaft gegenüber ihren Investoren aus Schuldverschreibungen, Aktien in Luxemburg steuerrechtlich als Zinsen aus Verbindlichkeiten klassifiziert werden und damit die Bemessungsgrundlage verringern (Ziel: Steuerneutralität zwischen Eigen- und Fremdkapital). Abzugsfähig sind auch die die Verwaltung und das Management der Verbriefungsgesellschaft betreffenden Ausgaben.

Da bei der direkten Besteuerung einer Verbriefungsgesellschaft die Dividendenzahlungen steuerrechtlich wie Zinsen behandelt werden, stellt sich bei der Verbriefungsgesellschaft auch nicht das Problem der Unterkapitalisierung. Eine nachträgliche Umklassifizierung der geleisteten Zahlungen in Dividenden (steuerrechtlich) ist nicht möglich.

Aus dem Sinn und Zweck der Verbriefungsgesellschaft heraus, ist diese von den Regeln der „Thin-Capitalization" befreit. Durch entsprechende Gestaltungen kann man die Steuerlast der Verbriefungsgesellschaft erheblich nach unten drücken.

Die Anteilinhaber der Verbriefungsgesellschaft werden generell so gestellt, als hätten sie Bonds oder Schuldverschreibungen erworben. Ausschüttungen und Zinszahlungen sind nicht mit einer Quellensteuer belastet. Eine Liquidation einer Verbriefungsgesellschaft – unabhängig von der rechtlichen Form derer – zieht keine Besteuerung der Liquidationserlöse nach sich.

Die Verbriefungsgesellschaft ist ähnlich wie andere Kapitalsammelvehikel von der Vermögensteuer ausgenommen.

Auch nicht in Luxemburg ansässige Investoren werden generell nicht mit einer Besteuerung der realisierten Gewinne durch die Veräußerung eines Bonds oder von Aktien der Verbriefungsgesellschaft belastet. Nur in den Fällen, in denen ein nicht in Luxemburg ansässiger Investor, der zudem in einem Nicht-Abkommensland wohnhaft ist, mehr als zehn Prozent der Kapitals der Verbriefungsgesellschaft hält und einen Veräußerungsgewinn innerhalb von sechs Monaten nach Akquisition der Anteile erzielt, wird mit einer Steuer von zurzeit 21,84 % betroffen.

Hinsichtlich der indirekten Besteuerung der Verbriefungsgesellschaft wird diese seit dem 1. Januar 2009 auch nicht mehr mit einer einmaligen Gesellschaftsteuer von 1250 EUR bei Gründung/Initiierung belastet. Stattdessen wird eine einmalige (Registrierungs-)Steuer, die sogenannte „Droit fixe spécifique d'enregistrement à titre rémunératoire", in Höhe von 75 EUR fällig. Abgesehen von Verbriefungen mit Immobilien, Flugzeugen etc. entfällt für die Verbriefungsgesellschaft auch die variable Registrierungsteuer. Die Verbriefungsgesellschaft ist auch von der luxemburgischen Vermögensteuer befreit. Grundsätzlich fällt die Verbriefungsgesellschaft unter luxemburgischen Gesichtspunkten in den Anwendungsbereich der Umsatzsteuer; es ist allerdings in einer Fall-zu-Fall-Beurteilung zu entscheiden, ob sie sich für umsatzsteuerliche Zwecke registrieren lassen soll oder nicht. Managementservices, die an die Verbriefung erbracht werden und die für diese selbst bestimmt sind, sind von einer Umsatzbesteuerung befreit.

Von der internationalen Besteuerung gesehen, kann eine Verbriefungsgesellschaft von den DBA profitieren. Aus der luxemburgischen Perspektive kann eine Verbriefungsgesellschaft auch in den Anwendungsbereich der Mutter-Tochter-Richtlinie fallen. Obwohl die Anteilinhaber der Verbriefungsgesellschaft wie ein Inhaber eines Bonds behandelt werden, sind die Rechtsformen, in der die Verbriefungsgesellschaft gegründet und geführt werden, in dem Appendix der Richtlinie aufgeführt. Zahlungen, die von einer Verbriefungsgesellschaft getätigt werden, werden zwar nach luxemburgischen Gesichtspunkten als Zinszahlungen angesehen, allerdings können diese von der Mutter-Tochter-Richtlinie her als Dividendenzahlungen qualifiziert werden. Probleme hinsichtlich der Richtlinie und der Anwendbarkeit können dann auftreten, wenn ein Mitgliedsstaat die Zahlungen der Verbriefungsgesellschaft (Kapitalgesellschaft) nur deswegen als Zinszahlung klassifiziert, weil solche Zahlungen/Ausschüttungen nach luxemburgischem Steuerrecht als privilegiert gesehen werden. Falls dies wirklich der Fall sein sollte, würde der Zweck der Verbriefungsgesellschaft im Intra-Gruppen-Scenario ad absurdum laufen und wäre in der Einsatzmöglichkeit limitiert. In allen anderen Fällen, in denen die EU-Mitgliedstaaten die Einkünfte und Zahlungen einer kapitalgesellschaftlichen Verbriefungsgesellschaft als Dividenden ansehen und damit den Anwendungsbereich für die Mutter-Tochter-Richtlinie eröffnet sehen, können sich mittels der Verbriefungsstruktur interessante steuerplanerische Gestaltungsmöglichkeiten ergeben. Auf Anfrage kann die luxemburgische Steuerverwaltung ein Zertifikat mit Ansässigkeit und Steuerstatus der Verbriefungsgesellschaft ausstellen.

Hinsichtlich eines Verbriefungsfonds, der steuerlich als transparent behandelt wird und dem es an der Steuerpersönlichkeit mangelt, wird der Zugang zu einem DBA in aller Regel verweigert. In diesem Fall wird wie üblich dem Anteileigner der Verbriefungsfonds der Zugang zu den entsprechenden DBA gewährt werden müssen.

6.3.5 RAIF

Zu den Ausführungen in diesem Abschnitt vgl. insbesondere Höring 2016, S. 924; 2017, S. 131.

Der Luxemburger Gesetzgeber hat am 14. Juli 2016 den Gesetzentwurf zum sogenannten „Reservierten Alternativen Investmentfonds" („Fonds d'investissement alternatif réservés" – kurz RAIF oder FIAR) verabschiedet. Mit diesem neuen Fondstyp wird in Luxemburg ein weiteres Regime im Lichte der Umsetzung der EU-Richtlinie 2011/61/EU über die Verwalter Alternativer Investmentfonds (AIFMD) für sogenannte Alternative Investmentfonds eingeführt, um den Standort Luxemburg und seine Asset-Management-Branche noch attraktiver zu gestalten.

Mit dem Inkrafttreten des RAIF-Gesetzes gibt es nun am Luxemburger Finanzplatz ein neues Instrument der Fondsstrukturierung, welches Managern von Alternativen Investitionsfonds (AIFs) wesentliche Verbesserungen hinsichtlich Time-to-Market und operativer Effizienz bietet.

Im Folgenden wird ein erster Überblick über den RAIF aus regulatorischer und steuerrechtlicher Sicht gegeben.

Am 14. Juli 2016 wurde der Gesetzentwurf 6929 zu den sogenannten „Reservierten Alternativen Investmentfonds" vom Luxemburger Parlament verabschiedet (RAIF-Gesetz). Der offizielle Text des RAIF-Gesetzes datiert vom 23. Juli 2016 und wurde am 28. Juli 2016 im Luxemburger Mémorial A veröffentlicht.

Das RAIF-Gesetz ist am 1. August 2016 in Kraft getreten. Ziel des RAIF-Gesetzes ist die Schaffung eines neuen Vehikels, das den Anforderungen von Verwaltern alternativer Investmentfonds (AIFM) und sachkundigen Investoren gerecht wird. Zudem war es Intention, die Errichtung von Fonds zu erleichtern und das Vehikel flexibel zu gestalten.

Ein RAIF entspricht dem Geist der AIFMD-Richtlinie, die in erster Linie auf die Regulierung der AIFM abzielt, und weniger auf die Regulierung der Fonds per se.

Kernpunkt ist die Auflage des RAIF ohne Genehmigung durch die Luxemburger Finanzaufsicht CSSF (Commission de Surveillance du Secteur Financier), mithin ist ein RAIF ein unreguliertes Vehikel, das von einem regulierten AIFM verwaltet wird. Daneben ist die Anwendung des sogenannten AIFMD-Marketing-Passes möglich. Umfassenden Investorenschutz gewährleistet die Anwendung der AIFMD-Regelungen auf der Ebene des AIFM.

Nach dem Global Financial Centre Index ist Luxemburg neben London das führende Finanzzentrum der Euro-Zone. Politische Stabilität sowie die Bestnote Triple A seitens der drei größten Kreditrating Agenturen zeichnen den Finanzplatz ebenso aus wie seine starke Finanz-Infrastruktur und eine kontinuierlich wachsende Bedeutung der Branche der Alternativen Investments (AI).

AIF-Manager können im Großherzogtum Luxemburg die AI-Struktur bündeln: vom AIFM und Anlageberater bis zum AIF und potenzieller Zwischen- und Finanzierungsgesellschaften.

Luxemburg hat über 76 Doppelbesteuerungsabkommen abgeschlossen und befindet sich aktuell in mehr als 20 weiteren Verhandlungen. Bereits Ende 2015 ist das luxemburgische Schachtelprivileg (Mutter-Tochter-Richtlinie) gemäß den EU-Vorgaben zur Missbrauchsbekämpfung (GAAR) und Anti-Hybrid-Instrumenten angepasst worden.

Alle Dienstleistungen bezüglich der Verwaltung des AIF werden von zahlreichen spezialisierten Unternehmen angeboten und ermöglichen eine solide Entscheidung sowohl zwischen diversen Anbietern vor Ort als auch zwischen Insourcing und Outsourcing. Für die Aufgabe des AIFM kann auf die Dienstleistung einer externen AIFM-konformen Verwaltungsgesellschaft zurück gegriffen werden – ein Umstand, der speziell kleineren oder Erstfonds einen effizienten Markteintritt ermöglichen kann.

Nach der spezialisierten Kommanditgesellschaft, welche mit Umsetzung des AIFM-Regimes im Sommer 2013 in Luxemburg analog zum angelsächsischen Modell eingeführt wurde, zeigt Luxemburg mit dem RAIF-Gesetz, dass der Fokus auf den regulatorischen und wirtschaftlichen Grundlagen für die Alternativen Investments verstärkt werden sollen, damit weiterhin Luxemburg als der bevorzugte europäische Fondsstandort auch für AIFM gilt.

Wirtschaftliches Ziel ist es nicht, dass Luxemburg mit dem RAIF in Konkurrenz zum deutschen Spezialfonds/Spezial-AIF nach dem Kapitalanlagegesetzbuch (KAGB) treten möchte. Erklärtes Ziel ist es vielmehr, dass mit dem RAIF eine Struktur ermöglicht wird, die bisher in Delaware, den Cayman Islands oder anderen Offshore-Zentren umgesetzt wurde. Mit dem RAIF wird ein europäisch domiziliertes Fondsvehikel offeriert, das selbst keiner Genehmigung bedarf und daher schnell aufgelegt werden kann, sofern es einen regulierten AIFM hat.

Damit ein Fonds als RAIF aufgelegt werden kann, muss der Fonds

- ein AIF im Sinne der AIFMD sein,
- von einem zugelassenen, externen AIFM verwaltet werden,
- seine Aktien, Anteile oder Beteiligungen nur sogenannten sachkundigen Investoren anbieten sowie
- eine diversifizierte Anlagepolitik verfolgen – es sei denn, der Fonds zielt ausschließlich auf Risikokapital-Investitionen ab.

Ein RAIF kann nur als AIF aufgelegt werden. AIF sind gemäß des luxemburgischen Gesetzes vom 12. Juli 2013, durch das die Bestimmungen der AIFMD in luxemburgisches Recht umgesetzt wurden (AIFM-Gesetz), Organismen für gemeinsame Anlagen und deren Teilfonds, die

- von einer Anzahl von Anlegern Kapital einsammeln um es gemäß einer bestimmten Anlagepolitik zum Nutzen dieser Anleger zu investieren und die
- keine Genehmigung gemäß Art. 5 der Richtlinie 2009/65/EG benötigen.

Aus den Gründungsdokumenten muss ausdrücklich hervorgehen, dass der Fonds den Bestimmungen des RAIF-Gesetzes unterworfen ist.

RAIF unterstehen nicht der Aufsicht der CSSF; allerdings muss der RAIF von einem zugelassenen AIFM verwaltet werden. Wenn es sich um einen Luxemburger AIFM handelt, unterliegt dieser der Aufsicht der CSSF. In der Praxis bedeutet dies, dass nach der Strukturierungsphase, also der Abstimmung des Aufsatzes mit den Investoren beziehungsweise Asset Managern, der RAIF direkt gegründet werden kann. Der operationelle Aufsatz durch die Zentral-Administration des Vehikels in Luxemburg braucht dazu nur etwa wenige Tage. Auch über den gesamten Lebenszyklus des RAIF hinweg gibt das RAIF-Gesetz mehr Flexibilität, da auch spätere Änderungen der Dokumentation, beispielsweise in der Anlagepolitik, nicht durch die Finanzaufsichtsbehörde CSSF genehmigt werden müssen. Allerdings findet eine indirekte Aufsicht über die AIFMD und AIFM-Gesetz statt, da die zuständige Aufsichtsbehörde des AIFM über die Einhaltung der für den autorisierten Asset Manager geltenden

AIFMD-Produktvorschriften wacht. Somit kann ein RAIF seitens eines Investors nicht intern gemanagt werden.

Auch wenn beim RAIF die Regulierung auf der Produktebene fehlt, ist immer zu bedenken, dass der AIFM, der den RAIF auflegt, reguliert sein muss. Dies hat zur Konsequenz, dass der RAIF keinesfalls ein Graumarktvehikel ist. Durch klare regulatorische Anforderungen (wie zum Beispiel Einhaltung der Vorgaben zur Vermeidung von Geldwäsche oder Einhaltung der allgemeinen Compliance-Vorschriften) und durch doppelte Kontrolle mit der Verwahrstelle, wenn Gelder beispielsweise in einen RAIF umgeschichtet werden, wird der Anlegerschutz gewährleistet.

Die Verwaltung eines RAIF kann nur durch einen zugelassenen externen AIFM erfolgen. Ein AIFM kann in Luxemburg, jedem anderen EU-Mitgliedsstaat oder einem beliebigen Drittland niedergelassen sein. Voraussetzung ist aber, dass ein AIFM aus einem Drittland über die erforderliche Lizenz verfügt.

Ein RAIF kann entweder in Vertragsform (als sogenannten fonds comnun de placement – fcp) oder auch in der gesellschaftsrechtlichen Form aufgelegt werden.

Als Gesellschaftsformen sind möglich:

- Gesellschaften mit beschränkter Haftung (société à responsabilité limitée – s.à r.l.),
- Aktiengesellschaften (société anonyme – s.a.),
- Kommanditgesellschaften auf Aktien (société en commandite par actions – s.c.a.),
- einfache Kommanditgesellschaften (société en commandite simple – S.c.s),
- spezielle Kommanditgesellschaften (société en commandite spéciale – S.c.sp.), oder
- Aktiengesellschaft gestaltete Genossenschaften (société coopérative sous forme de société anonyme – coop s.a.).

Für alle Gesellschaftsformen besteht die Wahlmöglichkeit zwischen variablem oder festem Kapital (société d'Investissement à Capital Variable – sicav oder société d'Investissement à Capital Fixe – sicaf).

Auch hier spiegelt das RAIF-Gesetz das Luxemburger Spezialfondsgesetz (SIF-Gesetz) vom 13. Februar 2007 für Spezialisierte Investmentfonds (SIF) wider. In jedem Fall aber muss die Bezeichnung des Fonds auf „Reservierter Alternativer Investmentfonds" (bzw. die Abkürzung „RAIF") enden.

Das RAIF-Gesetz sieht vor, dass die Netto-Aktiva des RAIF innerhalb eines Jahres nach Einrichtung mindestens 1,25 Mio. EUR betragen sollen.

Außer als fcp- oder sicav-Strukturen können RAIF auch als beliebige andere Rechtsform eingerichtet werden. Zu den hier verfügbaren Optionen zählen unter

6.3 Investmentvehikel und investmentähnliche Vehikel 127

anderem die im Gesetz vom 10. August 1915 über Handelsgesellschaften aufgeführten Gesellschaftsformen. Dies bezieht sich in der Regel auf eine sicaf.

Unabhängig von der gewählten Rechtsform kann ein RAIF als Umbrella-Struktur mit einem oder mehreren Teilfonds eingerichtet werden, von denen jede ein anderes Portfolio von Assets und Verbindlichkeiten enthält. Die Ausführungen des RAIF-Emissionsdokumentes zur Einrichtung von Teilfonds sollten genaue Angaben zur Anlagepolitik der einzelnen Teilfonds machen. Die Errichtung von Teilfonds erlaubt es, den RAIF mit diversen operativen Merkmalen (unter anderem zu Ausgabe/Rückkauf von Aktien/Anteilen; Ausschüttungsregeln; Gebührenstruktur; infrage kommende Investoren, etc.) auszustatten, die wiederum von Teilfonds zu Teilfonds verschieden gestaltet werden können. Die Liquidierung eines Teilfonds zieht keine Auflösung der Umbrella-Struktur als Ganzes nach sich (es sei denn, dass ansonsten kein aktiver Teilfonds mehr vorhanden ist). Wie bei einen SIF werden Gläubigerrechte mit Blick auf bestimmte Teilfonds auf die in diesem Teilfonds befindlichen Aktiva begrenzt, wenn die RAIF-Gründungsdokumente nichts Abweichendes vorsehen.

Es gibt nur wenige formale Anforderungen bezüglich der Gründung eines RAIF, jedoch ist in jedem Fall ein Notar hinzuzuziehen. Für als sicav/sicaf in Form einer s.a., s.à r.l. oder s.c.a. gestaltete RAIF muss die Satzung vor einem Notar beschlossen werden. In allen anderen Fällen (das heißt, wenn der RAIF als fcp, s.c.s./s.c.sp. aufgelegt wird) muss innerhalb von fünf Arbeitstagen eine notarielle Urkunde erstellt werden, die bestätigt, dass der RAIF ordnungsgemäß gegründet wurde. Auf dem Deckblatt des Emissionsdokumentes muss klar angegeben werden, dass der RAIF nicht der Aufsicht der CSSF unterliegt. Allen Offenlegungsanforderungen nach Art. 23 AIFMD ist im Emissionsdokument nachzukommen.

Die Gründung des RAIF ist beim Handels- und Gesellschaftsregister Luxemburg (Registre de Commerce et des Sociétés – RCS) zwecks Veröffentlichung im RESA (Receuil Electronique des Sociétés et Associations), der elektronischen Plattform für Veröffentlichungen betreffend Gesellschaften und Vereinigungen, anzuzeigen. Im Rahmen der Veröffentlichung wird auch der Name des externen AIFM bekannt gegeben, der mit der Verwaltung des RAIF betraut ist. Der RAIF wird außerdem innerhalb von 20 Werktagen nach Unterzeichnung der notariellen Urkunde in einem offiziellen Verzeichnis des RCS registriert. Es ist eine in Luxemburg niedergelassene Verwahrstelle zu ernennen. Aufgaben und Haftung einer RAIF-Verwahrstelle sind diejenigen, die im AIFM-Gesetz niedergelegt sind.

Die im RAIF-Jahresbericht enthaltenen Finanzinformationen sind durch einen unabhängigen Wirtschaftsprüfer (Réviseur d'entreprises agréé) zu prüfen. Hinsichtlich der Information für die Anleger spiegeln die RAIF-Regelungen das SIF-Gesetz wider, denn auch hier wird grundsätzlich die Erstellung eines Emissionsdokuments gefordert. Das AIFM-Gesetz verlangt zusätzlich bestimmte Mindestangaben an die Investoren. Zu den Anforderungen an den Inhalt des Jahresberichts verweist das RAIF-Gesetz auf das AIFM-Gesetz.

Für jeden RAIF ist ein Jahresbericht zu erstellen, der den Investoren innerhalb von sechs Monaten nach Ablauf des jeweiligen Berichtszeitraums vorzulegen ist. Für den Inhalt des Jahresberichts gelten die Bestimmungen von Art. 22 AIFMD in vollem Umfang.

Wie die Bestimmungen für einen SIF sind auch die für einen RAIF auf Investitionen in gesetzlich zugelassene Vermögensgegenstände aller Art ausgelegt. Es sind Anlagestrategien aller Art ohne Einschränkungen unter der Voraussetzung zulässig, dass der AIFM Maßnahmen zur Risikostreuung trifft. Zu Umfang und Bedeutung dieser Diversifizierungsanforderung macht das RAIF-Gesetz keine Angaben. Die Gesetzesbegründung erwähnt allerdings ausdrücklich sowohl die SIF-Regeln als auch das damit in Verbindung stehende CSSF-Rundschreiben 07/309 mit Blick auf eine Risikostreuung durch einen SIF.

Die Aktien oder Anteile eines RAIF dürfen nur „sachkundigen Anlegern" angeboten werden, das heißt, allen institutionellen, professionellen oder anderen Investoren, die schriftlich bestätigt haben, dass sie den Status eines sachkundigen Anlegers haben und die einen Mindestbetrag von 125.000 EUR in den RAIF investieren. Eine alternative Möglichkeit besteht darin, dass ein Kreditinstitut, ein Wertpapierunternehmen, eine Verwaltungsgesellschaft oder ein zugelassener AIFM den Investor prüft und ihm bestätigt, dass er über die Expertise, das Fachwissen und die Erfahrung verfügt, die nötig sind, um Investitionen in einen RAIF zutreffend zu beurteilen.

Die für einen RAIF geltenden Standard-Besteuerungsregelungen entsprechen denen für einen SIF. Damit wird ein RAIF mit einer Luxemburger Zeichnungssteuer belastet, der sogenannten taxe d'abonnement, wie sie aus der Regelung für SIF bekannt ist (vgl. Art. 45 Abs. 1 des RAIF-Gesetzes). Diese Steuer beträgt 0,01 % des Nettoinventarwertes und wird an jedem Quartalsende fällig. Je nach Anlagen des RAIF gilt mit Blick auf diese Steuer eine Reihe von Freistellungsregelungen, die insbesondere verhindern sollen, dass es zu einer Doppelbelastung kommt.

Der RAIF unter den geltenden Standard-Besteuerungsregelungen ist von der Luxemburger Vermögen-, Gewerbe-, Körperschaft- und Einkommensteuer befreit. Die Gewinnausschüttung bei einem RAIF führt nicht zu einer Kapitalertragsteuerpflicht. Da ein RAIF auch als ein AIF qualifiziert, dürfte hierfür auch die Umsatzsteuerbefreiungsregelung der AIF-Management-Services gelten.

6.3 Investmentvehikel und investmentähnliche Vehikel

Ein RAIF, der nicht den Fondstypus fcp wählt, kann in gleicher Weise wie eine sicar (société d'Investissement en capital à risque) besteuert werden. Dies erfordert von den Gründungsdokumenten (Emissionsdokument und Satzung/Vertrag) des RAIF, dass

- das einzige Ziel des RAIF darin besteht, in Risikokapitalpapiere zu investieren, und
- Art. 48 des RAIF-Gesetzes für den Fonds gilt (in dem neben der Standard-Besteuerungsregelung auch Ausnahmeregelungen vorgesehen sind).

Der Wirtschaftsprüfer des RAIF muss am jeweiligen Geschäftsjahresende testieren, dass der RAIF die genannten Bestimmungen für Risikokapital-Investitionen erfüllt hat. Die Bestätigung und der Bericht sind den zuständigen Steuerbehörden vorzulegen. Die steuerrechtliche Beurteilung hat auf die Betrachtungsweise der Standard- bzw. optionalen Besteuerungsregelung auf Umbrella-Ebene zu erfolgen. Mithin ist es nicht möglich, bei einer Umbrella-Struktur Teilfonds zu gründen, die unterschiedlichen Besteuerungskriterien unterliegen, wie zum Beispiel ist es bei einer Umbrella-Struktur nicht möglich, einen Teilfonds zu kreieren, der den Standard-Besteuerungsregelungen unterliegt, und gleichzeitig einen anderen Teilfonds, der die optionale Besteuerungsregelung in Anlehnung an eine sicar anwendet.

Ein RAIF, der eine kapitalgesellschaftsrechtliche Unternehmensrechtsform (zum Beispiel s.a., s.à r.l. oder s.c.a.) einnimmt, gilt körperschaftsteuerlich als reguläres Steuersubjekt (es kommt aber eine Freistellungsregelung bezüglich der Bemessungsgrundlage auf die für mit in Anlagen in Risikokapital erwirtschafteten Profiten und Gewinne in Betracht, falls Beträge für Investitionen reserviert wurden und innerhalb von zwölf Monaten de facto eine Investition getätigt wurde).

Einem RAIF als regulärem Steuersubjekt kann Zugang zu den Luxemburger Doppelbesteuerungsabkommen gewährt werden, falls Luxemburg mit anderen Staaten ein Einverständnis der Herkunftsländer über die Anwendbarkeit erlangen kann. Gemäß den für eine sicar gültigen Steuerbestimmungen sind Gewinnausschüttungen von einem RAIF nicht kapitalertragsteuerpflichtig. Ein allgemeiner Mindeststeuersatz von 4815 EUR (nach der Erhöhung durch die Luxemburger Steuerreform 2017) ist für einen RAIF, der fast ausschließlich Finanzanlagen, Wertpapiere und Bargeld verwaltet, anwendbar.

Ein Risikokapital-RAIF, der als s.c.s. oder s.c.sp. aufgelegt wird, gilt als steuerrechtlich transparent, sodass Gewinne eines solchen RAIF auch nicht körperschaftsteuer- und vermögensteuerpflichtig sind, weder auf Fondsebene noch für nicht gebietsansässige Investoren. Auf Gewinnausschüttungen fällt keine Kapitalertragsteuer an. Ausschüttungen sowie Zahlungen von Erträgen, die sich aus RAIF-Anteilen oder Aktien eines RAIF ergeben, unterliegen nicht der Luxemburger Quellensteuer. Der RAIF ist basierend auf den gesetzlichen Regelungen auch nicht gewerblich tätig, da die Gesellschaft keinen gewerblichen Zweck verfolgt, sondern vielmehr Kapitalanlage ist.

Aus deutscher steuerrechtlicher Sicht ist der RAIF im Hinblick auf die Anwendung des Investmentsteuergesetzes (InvStG) zu beleuchten. Zwar qualifiziert der RAIF per se als Investmentvermögen im Sinne des InvStG, da es aber einem RAIF üblicherweise an einem Rückgaberecht mangelt bzw. die Voraussetzungen des § 1 Abs. 1b Satz 2 InvStG nicht erfüllt sein werden, wird ein RAIF allerdings als Investitionsgesellschaften und nicht als Investmentfonds eingestuft werden müssen.

Es kommen die Vorschriften der §§ 18, 19 InvStG zum Tragen, die zwischen Personen- und Kapital-Investitionsgesellschaften unterscheiden. Für die Einstufung als Personen- oder Kapital-Investitionsgesellschaft und die steuerrechtliche Behandlung nach dem InvStG ist maßgeblich, wie der RAIF unter Berücksichtigung der gewählten Rechtsform (Personengesellschaft oder Kapitalgesellschaft) aus deutscher steuerrechtlicher Sicht zu beurteilen ist.

Wird der RAIF (in der Rechtsform einer Personengesellschaft) als Personen-Investitionsgesellschaft (§ 18 InvStG) klassifiziert, wird er als steuerrechtlich transparent behandelt. Damit werden die deutschen Investoren in Abhängigkeit der vom RAIF auf der Eingangsseite vereinnahmten Erträge so behandelt, als würden sie die Erträge unmittelbar selbst vereinnahmen. Somit kommen auch die Beteiligungsertragsbefreiungen nach § 3 Nr. 40 EStG, § 8b KStG grundsätzlich auf Anlegerebene zur Anwendung, sodass Gewinne aus der Veräußerung von Anteilen an Kapitalgesellschaften, die der RAIF erwirtschaftet, auf Ebene deutscher körperschaftsteuerpflichtiger Anleger zu 95 % steuerbefreit sind. Die steuerrechtliche Transparenz gewährt dem RAIF als Personen-Investitionsgesellschaft (§ 18 InvStG) die Anwendbarkeit der Doppelbesteuerungsabkommen für die deutschen Anleger dahin gehend, dass in den Zielstaaten auch Quellensteuerreduktionen geltend gemacht werden können.

Problematisch gestaltet sich, dass der RAIF in der Rechtsform einer Personengesellschaft auf rein deutscher steuerrechtlicher Beurteilung als gewerbliche Personengesellschaft qualifizieren kann, was steuerbefreite Investoren von einer Anlage in einen derartigen RAIF abhalten kann.

Wird der RAIF in der Rechtsform der s.a. oder anderer Kapitalgesellschaften, aber auch der RAIF als Typus fcp als Kapital-Investitionsgesellschaften (§ 19 InvStG) qualifiziert, finden auf Anlegerebene die Beteiligungsertragsbefreiun-

6.3 Investmentvehikel und investmentähnliche Vehikel

gen auf Ausschüttungen aus dem RAIF keine Anwendung. Diese Einstufung des RAIF nach § 19 InvStG führt zu einer Umqualifizierung der in der Ausschüttung enthaltenen Beteiligungserträge in voll steuerpflichtige Ausschüttungen. Problematisch zu sehen ist der Umstand, dass eine Beteiligung an dem RAIF in den Anwendungsbereich der Hinzurechnungsbesteuerung nach dem AStG fallen kann, sodass bestimmte passive Einkünfte des RAIF dem deutschen Anleger auch ohne Ausschüttung als voll steuerpflichtige Einkünfte zugerechnet werden müssen.

Ein RAIF könnte als Anlagevehikel möglicherweise für deutsche steuerbefreite Anleger von Interesse sein.

Bis dato kommt für deutsche steuerbefreite Anleger ein unregulierter AIF in der Rechtsform einer Personengesellschaft als Anlagevehikel kaum infrage, da die Gefahr besteht, dass der Status als steuerbefreiter Anleger verloren geht.

Aufgrund der Tatsache, dass ein unregulierter AIF in der Rechtsform einer Kapitalgesellschaft mit einer Körperschaft- und Gewerbesteuer behaftet ist, kommt auch diese Form für deutsche steuerbefreite Anleger nicht infrage.

In diese Lücke stößt nun der RAIF, der einen operationell kostengünstigeren unregulierten AIF bietet: Der RAIF in der Rechtsform einer Kapitalgesellschaft ist von jeglicher Steuer (mit Ausnahme der Subskriptionsteuer taxe d'abonnement) befreit, sodass ein deutscher steuerbefreiter Anleger unschädlich in einen RAIF als unreguliertes Vehikel investieren kann.

Im Vergleich der beiden Regimes wird der deutsche steuerpflichtige Anleger bei Anwendung des aktuellen InvStG eher den transparenten RAIF präferieren und der steuerbefreite Anleger eher den AIF in der Rechtsform einer Kapitalgesellschaft.

Ab dem 1. Januar 2018 kommt das neue InvStG basierend auf dem Investmentsteuerreformgesetz (InvStRefG) zur Anwendung. Dann werden die Differenzierungen zwischen Investmentfonds und Investitionsgesellschaften aufgegeben; stattdessen werden Besteuerungsregeln für Publikums-Investmentfonds (vgl. Kapitel 2 des InvStG-neu) und Spezialfonds (vgl. Kapitel 3 des InvStG-neu) eingeführt. Nach dem neuen InvStG werden Personengesellschaften aus dem Anwendungsbereich herausgenommen. Somit wird ein RAIF in der Rechtsform einer Personengesellschaft nicht mehr vom Anwendungsbereich des neuen InvStG erfasst sein; es bleibt aber bei einer steuerrechtlichen Transparenz für diesen Typus von RAIF.

Der RAIF in der Rechtsform der s.a. oder anderer Kapitalgesellschaften, aber auch der RAIF als Typus fcp wird nach InvStRefG als Publikums-Investmentfonds besteuert werden, was zu einer Besteuerung des Fonds selbst führen wird. Daneben sind die Ausschüttungen aus dem RAIF steuerpflichtig. Die aus dem aktuellen InvStG bekannten Beteiligungsertragsbefreiungen nach § 3 Nr. 40 EStG, § 8b KStG finden nach dem InvStRefG im neuen InvStG keine Anwendung mehr. Gleiches gilt für Gewinne aus der Veräußerung von Anteilen an RAIF. Auf Ebene bestimmter Anleger kann es zur Anwendung sogenannter Teilfreistellungen nach InvStG-neu kommen. Bei einem thesaurierenden RAIF wird auf Anlegerebene jährlich eine sogenannte Vorabpauschale besteuert, um Stundungsvorteilen entgegenzuwirken. Eine zusätzliche Besteuerung nach dem AStG ist jedoch nicht mehr vorgesehen.

Literatur

Höhn, N./Höring, J. (2010): Das Steuerrecht international agierender Unternehmen, 1. Auflage, Wiesbaden 2010.
Höring, J. (2012), Investmentrecht, 1. Auflage, Wiesbaden 2012.
Höring, J. (2016), Der Reservierte Alternative Investmentfonds in Luxemburg, IWB 2016, 924.
Höring, J. (2017), RAIF – Der Luxemburger Reservierte Alternative Investmentfonds, StBp 2017, 131.

Sonstige Quellen

http://legilux.public.lu/
http://www.guichet.public.lu/entreprises/de/index.html
http://www.guichet.public.lu/citoyens/de/index.html

Schlussbetrachtungen

Luxemburg ist ein Land mit ausgeprägter Industrietradition, was sich dadurch zeigt, dass internationale Großkonzerne hier ihren Sitz haben.

Die einheimische Industrie ist stark diversifiziert (Eisen- und Stahlindustrie, Metallverarbeitung, chemische sowie Material- und Kunststoffindustrie oder auch elektrische und elektronische Industrie).

Die wirtschaftliche Struktur Luxemburgs wird vom Dienstleistungssektor dominiert, der wiederum durch die bemerkenswerte Entwicklung des Finanzplatzes angetrieben wird. Luxemburg liegt mit 143 Banken auf Platz 8 der bedeutendsten internationalen Finanzplätze und im Bereich Investmentfonds weltweit auf Platz 2 hinter den Vereinigten Staaten von Amerika.

Trotz der anhaltenden wirtschaftlichen und regulatorischen Herausforderungen (gerade im Finanzsektor) wird das Großherzogtum Luxemburg weiterhin durch Innovation und Stabilität die Position als wichtiger Player ausbauen und stärken.

The manufacturer's authorised representative in the EU is Springer Nature Customer Service Centre GmbH, Europaplatz 3, 69115 Heidelberg, Germany. If you have any concerns regarding our products, please contact ProductSafety@springernature.com

Printed and bound by CPI Group (UK) Ltd, Croydon, CR0 4YY

23/03/2026

02076458-0008